"60分妈妈"系列

温尼科特
写给家长的话

[英]唐纳德·温尼科特 —— 著

何异 谭露 —— 译

Talking to
Parents

🅖中国出版集团

世界图书出版公司

图书在版编目（CIP）数据

温尼科特写给家长的话 /（英）唐纳德·温尼科特著；何异，谭露译. — 北京：
世界图书出版有限公司北京分公司，2023.3
ISBN 978-7-5192-2080-8

Ⅰ.①温… Ⅱ.①唐… ②何… ③谭… Ⅲ.①家庭教育 Ⅳ.①G78

中国版本图书馆CIP数据核字（2022）第208336号

书　　名	温尼科特写给家长的话
	WENNIKETE XIEGEI JIAZHANG DE HUA
著　　者	[英]唐纳德·温尼科特
译　　者	何　异　谭　露
责任编辑	余守斌
责任校对	王　鑫
装帧设计	王左左
出版发行	世界图书出版有限公司北京分公司
地　　址	北京市东城区朝内大街137号
邮　　编	100010
电　　话	010-64038355（发行）　64037380（客服）　64033507（总编室）
网　　址	http://www.wpcbj.com.cn
邮　　箱	wpcbjst@vip.163.com
销　　售	新华书店
印　　刷	天津光之彩印刷有限公司
开　　本	880mm×1230mm　1/32
印　　张	5.25
字　　数	131千字
版　　次	2023年3月第1版
印　　次	2023年3月第1次印刷
国际书号	ISBN 978-7-5192-2080-8
定　　价	39.80元

丛书译者团队

翻译统筹：何　异

译　　者：何　异　李　仑　孙长玉　黄　杰　高　旭
　　　　　谭　露　林立宁　王琳丽　何　蓓

致谢词

　　玛德琳·戴维斯（Madeleine Davis）在本书筹备工作的最后阶段去世。很遗憾，她未能亲眼看到本书的出版，但出版商、编辑和所有温尼科特信托基金的伙伴都希望记录下对她的赞赏和感谢，感谢她为温尼科特著作的出版工作提供的周到友好的帮助。

　　编辑们还要向塔维斯托克出版公司（Tavistock Publications）表达感谢之情，感谢其支持以及提供之前出版的材料。也要感谢BBC，如果没有BBC的远见，构成本书内容的许多讨论可能就不会发生。还要感谢克莱尔·雷纳（Claire Rayner）对第八章的细致贡献。

英文版编者按

　　在1939年到1962年之间，唐纳德·温尼科特为英国广播公司做了大约50次电台广播节目，几乎都是给父母听的。经过转录，这些演讲内容被整理成一些最清晰、最引人入胜的作品。战争结束时，由珍妮特·奎格利（Janet Quigley）担任制作人，收集了早期的谈话，出版为一本名为《让你知道你的宝宝》的小册子。另一个系列是1949年到1950年的讲座内容，在艾莎·本齐（Isa Benzie）的制作下，出版为一个类似的小册子，叫作《平凡而奉献的母亲和她的孩子》。它们很快售罄并绝版了。虽然由于禁止医生做广告的规定，温尼科特没有在册子上署名，但他的追随者队伍还是日益增长，很多人要求再版温尼科特的讲座内容。我了解到，那两本小册子构成了一本名为《儿童与家庭》的书的基础，这本书由珍妮特·哈登贝格（Janet Hardenberg）编辑，塔维斯托克出版社于1957年出版。另外一些在战时撤离的讲座内容，则被收录在另一册书《孩子与外部世界》中。1964年，企鹅出版社决定从这两册书中挑选内容，出版一本精选集，书名为《孩子、家庭和人世间》。

　　至1968年底，企鹅版的《孩子、家庭和人世间》已经卖出了5万册，为此温尼科特在庆祝派对上做了一个简短的演讲，他讲述了早年为了录制那些电台节目，他是如何在兰厄姆"驾驶着汽车，从前一晚空袭后留下的玻璃和瓦砾上碾过"；在1940年至1950年的节目录制中，艾莎·本齐又是如何将她的工作热情和信心传递给他，用他自己的话来说："她从我的谈话中找到了'平凡而尽职的母亲'这个表述。"他接着说："这立刻成了我的一个立足点，它符合我力求摆脱理想化和说教的需要，使我可以说明那些随处可见的、自然而然发生的养育行为。"

有趣的是，温尼科特还指出，战后他没有恢复儿科的工作（尽管他仍然为儿童保留精神科门诊），因此不像以前那样接触大量的母婴日常互动材料，而在这些演讲中他发现，"重燃观众对儿科的热情"必须使用故事素材，因此，他使用了"病人（大部分是成年人）在精神分析中回溯的早年经历，他们带给我一个个关于母亲–婴儿或父母–婴儿关系的特写"。他写道："在40年代末BBC的这些电台节目里，我处在一个独特的位置：能够同时从儿科学角度和一种我独有的精神分析的视角来看待我的病人。在谈话时，我很自然地需要保持儿科语言，尽管儿科只是我研究母婴关系的路径，在这里我假定（正如人们通常认为的）我的谈话对象都身体健康。而今，我的关注点已经从'喂养婴儿'变成了'母婴相互促进'。"

温尼科特的书《孩子、家庭和人世间》至今仍很受欢迎，每年仍能卖出数千册。现在的这本《温尼科特写给家长的话》集中了1955年以后所有的广播演讲。其中只有两篇之前发表过：《孩子五岁时》（原标题是《他们五岁了》）和《安全感》（原标题是《论安全感》），这两篇文章都收录在温尼科特的《家庭与儿童成长》中。为了完整起见，我们也收录了这两篇。还包括两篇不是用来广播的文章：《电台节目如何做心理健康教育》作为介绍性的第一章，因为它彰显了温尼科特的宗旨，同时也是给电台健康类节目的重要建议；我们也收录了未曾发表过的《建立信任》一文，因为它是温尼科特抵达人生终点前应邀为父母们写的（有些内容他未在广播中提及），包含了贯穿他整个职业生涯发展中对孩子与父母们的重要思想，虽然我们还没能发现它是应谁之邀而写。

　　克莱尔·温尼科特（Clare Winnicott）帮助校对和编辑这些文章，在她1984年去世之前，这些工作都基本上完成了。整个编辑工作力求保持文本原貌。对这些电台演讲内容的编辑保持严格是必要的，因为这些文稿是温尼科特在广播之前就写好了，后来和其他遗稿一起被发现的。另外，有一篇与继父母的谈话以及一篇与克莱尔·雷纳关于"罪疚感"的讨论，这两篇是从磁带上转录下来的，因此内容文风稍显不同。这些对父母们访谈内容的回应也是温尼科特系列演讲的一部分（包括"说'不'的三个阶段""嫉妒""父母的厌烦"）。当时，母亲们被邀请到BBC，她们的访谈被记录下来，温尼科特在另一天对访谈内容做出即兴回应，这些未经预演的言论后来成了整个节目的重要组成部分。

克里斯托弗·博拉斯（Christopher Bollas）

玛德琳·戴维斯（Madeleine Davis）

雷·谢泼德（Ray Shepherd）

序　言

　　阅读这些大部分还未发表过的温尼科特的文章，就像是一个在荒漠中艰难前行的人遇到了一汪清泉。每一篇文章都令人受益匪浅，有一种刷新体验的愉悦感。

　　温尼科特会借助媒体直接与家长们谈话，他的这个选择是非常有趣的。毕竟他理想中的"全情投入的平凡母亲"，是一位自然而然就会照顾孩子的母亲。虽然广播节目传播的是他的育儿理念，却可以被看作他自己的人生哲学。不过，按照他的日常实践，温尼科特并不是一个问题导向的专家。他与广播里的其他育儿专家或权威们不同，后者习惯于告诉父母们什么是不该做的事情，而温尼科特并不试图去教导父母，转而帮助他们理解自己的所作所为，然后证明他们的行为是合情合理的。比如他会说："你只能看到，在这样的情况下，如果换作别人，可能也会做出同样的行为，或者做得更糟。"这样的话看似简单，却非常有力地支持着父母们相信自己的实力，而不是服从于什么专家权威。

　　我在整个职业生涯中，一直都是唐纳德·温尼科特的崇拜者和学习者。他把规范的儿科学方法与他自己在儿童精神病学和精神分析方面的洞察力结合在一起，这让我在很早以前就开始把他当成我的榜样。他的真知灼见是基于对母婴之间养育过程的深入理解，加上坚定地相信大部分父母都拼命地想为自己的孩子做得更好。本书的所有文章都蕴含着温尼科特积极有力的精神分析解释。他妙趣横生的独特见解，能让父母们感到松绑，打消自己的疑虑，相信自己由心而发的行为是正确的。

正如温尼科特明确指出的那样，这些广播谈话的目的不是告诉父母该做什么，而是要①去除所谓育儿科学的不良影响；②让父母们对自己的养育过程有信心；③解放思想，让他们知道在养育孩子的过程中若遇到意想不到的困难时，可以寻找个性化的帮助。他不断强调，在养育孩子时，父母本能地想将所有事情做对，生怕孩子有闪失，就不可避免地产生内疚和矛盾心理，这使父母们已然成为惊弓之鸟。温尼科特从不回避这种真实，他坦承人之常情，直言："继父母……抑或是成功的继父母，他们也都是普通的男人和女人。"选择成为继父母，就要坦然于这是一个不可避免地没有回报的角色。

在关于婴儿吸吮拇指的文章中，温尼科特给出了我所听到过的最好的解释。吮吸拇指是婴儿第一次运用想象力，在吮吸自己拇指的真实体验里，有着婴儿对乳房或奶瓶的想象。明白了这一点，谁还会去剥夺婴儿创造出属于他自己的情感客体的最初体验呢？

本书还以通俗易懂的语言诠释了温尼科特所主张的通向养育目标的步骤。例如，在育儿过程中，父母有三个说"不"的阶段，第一阶段开始于父母需要为孩子的现实承担全部责任；第二阶段是教孩子将"不"这个词与危险因素关联起来，避免被伤害，如"烫"；第三阶段是给予孩子言语上的解释，帮助孩子进行思辨，增加他的选择经验和内化现实限制的能力。

还有一个家长们很上心的问题："嫉妒是如何消失的？"在温

尼科特优美而简洁的解释中，我们看到"认同"如何最终平抑了一个人对另一个人的嫉妒。当一个人认同了那个照顾着他又让他嫉妒的母亲，他就可以感受母亲的感受，同时学会利用自己的想象力（同理心）理解另一个人的思考方式。

不过，我最喜欢的是那篇关于为人父母的"厌烦"的文章。这一章将帮助所有的父母以正常且健康的方式面对他们的负面情绪。养育中出现这样或那样的问题，那可再正常不过了，温尼科特提醒我们，出问题的时候总是令人讨厌的，而当事情进展顺利时，它就可能被忽略。所以，父母们记得的一天里，总充满了烦人的日常细节。但那又怎样呢？"孩子们会继续惹人厌烦，妈妈们也会继续为自己有机会成为'背锅侠'而乐此不疲。"

这是一本出色的小书，在书中，温尼科特提炼了为人父母的本质属性。例如，第八章的结论就很直指人心——如果没有内疚感和又爱又恨的内在冲突，母亲就不会对孩子的需求敏感。温尼科特着实让读者了解到养育子女的挑战之大，但他也让读者们体会到成为一个"恰到好处的母亲"是一个人可以追寻的最令人满意的角色之一。真是个天才。

贝尔特·布雷寿顿医生（T. Berrt Brazelton, M. D.）

目　录

第一章

电台节目如何做心理健康教育

　　应邀写这篇文章，谈谈如何通过电台节目开展健康教育，这是我很感兴趣的一个话题，因为我时不时将自己想对家长说的话通过电波传递出去。但必须坦诚承认的是，事实上我并不特别喜欢这种撒网式的健康教育方式。面对形形色色的听众，大部分人肯定不是为了学习而收听广播的，但因为一个偶然的机缘，有人开始收听健康教育，或许是觉得有趣，或许有其他原因，比如他们正在刮胡子或做蛋糕，没有空出手来转动换台按钮。在这种情况下，人们毫无疑问地会把那些重要的、有价值的东西当作耳旁风。

　　拿校园广播来做一下对比。在学校里，围坐在一起听广播的孩子的年龄是确定的，广播员自然会使用温和适当的语言风格，若希望在这段时间里孩子们能收获教导，就尽量寓教于乐。可是，面向大众传播健康知识的播音员可没有办法去确定观众属性。

　　另外，我所谈及的健康教育是心理上的，而不是身体健康教育或预防和治疗疾病的内容。即便我说的大部分内容其实适用于任何健康的话题，因为在我看来，所有的健康教育都是心理教育，那些只关注风湿症或血液病话题的人并不关注健康，因为他们对这些话题抱有的是研究的兴趣，他们听节目，有些人是渴望了解疾病的真相，有些人只是出于对疾病病因的好奇。因此，在我看来，无论借助任何媒介对人们进行健康教育时，除了传播的复杂性之外，人们应该预料到一点——绝大多数听众并不需要被教导任何东西，他们只是在等着广播重新播放音乐。你也许觉得我这是在诋毁听众，但每当我听到健康医生充满乐观地就恒河猴因子、关节炎、癌症发表鼓舞人心的演说时，我都深感疑惑。

无论如何，我确实有一个建设性意见给那些致力健康传播的电台：任何形式的鼓吹，或对人们该做什么的指教，都应该受到谴责。向人们单向灌输理念是一种侮辱，即使是为了受众自己好，除非受众有机会参与互动，能表达反对，也能抒发己见。

这里是否存在另一种选择？作为一个备选方案，我们可以尝试先接受人们日常所做的事情，确定它们是正常的，然后帮助他们去理解自己为什么这样做。这个建议的基础，建立于人们在事情发生的当下做出的反应大体上是合情合理的。你也许很难相信，当你一次又一次地倾听母亲们描述如何在家里管教孩子后，你终将发现自己无法告诉这些父母该做些什么。你终将明白，在这样的情况下，如果换作是你，可能只会做出同样的行为，或者做得更糟。

人们真正需要的是对他们所面临的问题的理解，以及对他们凭直觉做出的行为产生更多的觉察。当人们处在失控的不安中，当事情发生在个体的危急时刻，当人们无力顾及太多——父母可能会给孩子一个巴掌，一个吻，一个拥抱，或者一笑而过。有些事发生得自然而然。而已然发生了的就是正确的，没有所谓更好的了。没人能告诉这些父母在那样的情况下该如何做，因为任何情况都不会被提前预知。然而，无论在怎样的境况下，父母们在回溯经历的事件并反思时，往往对自己做过什么没有概念，也对问题是什么感到困惑。在这样的时刻，他们往往会感到内疚，会像飞蛾一般扑向他们认为的权威人士，并对他们言听计从。

教育本来是一个好方法，让人们理解自己过去和当下的所作所为，甚至可以说教育使人成为人。如果一个人能被允许向他人展示他们正在做什么，就会变得不那么害怕，会自己对自己感到更有把握。也就是说，当人们可以坦然于自己的困惑或无知时，他们寻求的就不再是忠告，而是知识。这就是为什么只要人们开始寻求知识，他们就知道知识在哪儿。他们开始意识到，也许可以采取一种更客观的方法来应对自己在思想上、感受上和行为上的问题，如此一来，即使是在那些至今仍教条森严的宗教地区，他们也变得不那么质疑科学。

我认为，我们已经在了解人们的感受、思想和行为方面做了大量的工作，并在此基础上进行讨论和教学，以促进更好地理解。通过这种方式，让知识在不损害听众自信的情况下传播。这种方式的难点在于，教授者一方面需要懂得足够多，另一方面又需要知道在哪些时候自己才是无知的那个人。

有时，针对父母的广播节目充满了暗示："你应该爱你的孩子；如果你不爱你的孩子，他会受苦，他会变成一个行为不良的人。""你必须母乳喂养婴儿，你必须享受哺乳的过程，这肯定是你生命中最重要的事情。""孩子一出生，你就得爱他；不爱自己的孩子就不正常。"如此种种。所有这些话说起来非常容易，但事实上这些话一旦被说出来，却会产生可悲的结果。

真正有帮助的是，告诉妈妈们实情：很多时候妈妈并不会从一开始就爱自己的孩子；在妈妈们发现自己无法母乳喂养时帮她们弄清原因；向她们澄清为什么爱是一个复杂的事情，而不仅仅是一种本能。

我还想补充一点：通过广播节目传播的知识，是不可能解决那些严重、异常的问题的，无论那些问题是出现在母亲身上，还是出现在孩子身上，尤其是父母之间关系的异常。同时，告诉那些陷入困境的人他们生病了，也没有意义。当病人寻求帮助时，我们必须抓住机会尽我们所能地宽慰他们，但是，如果我们让他们感到自己病了，却又不能提供治疗，这将很容易引发痛苦。

在广播中发出的几乎每一个忠告都会在某个方面给某些人带来痛苦。最近，我谈到如何告诉被领养儿童其被收养的真相。我当然知道这有引起痛苦的危险，而且毫无疑问，我也的确使很多人心烦意乱。有一位听了我的广播的妈妈从很远的地方来找我，她非常明确地告诉我，在她所处的特殊情况下，告诉孩子其被收养的事实，将会非常危险。我不得不同意她说的特殊情况，即使在原则上，我认为正确的做法是：告诉被收养的孩子真相，且尽可能地早。

如果妈妈们总是被告知该做这个、该做那个，那她们很快就会陷入混乱之中，而且（最最重要的是）她们将和自己本身具有的能力失去连接，她们会一味行动却不过问到底什么是对的，什么是错的。这终将使她们处处感到自己不称职。如果她们一定要在书上或广播里去查找每一件所要做的事，那么即使她们都做对了，也总归是慢一拍的，因为真正正确的事情只能在恰当的时机被做。正如我们所说，要在正确的时间做正确的事情，唯有依靠直觉或天性。人们只能在能够承受已然发生的问题之后才开始思考，也只有跳出惯性思维才能收获助益，如此我们才可能和她们讨论她们正在面对的是哪类问题，她们正在做的又是哪类事情，而她们的行为又可能带来哪些影响。这和直接告诉她们该做什么是完全不同的。

最后，对于儿童心理学的正式教导能否在电台广播中开展，我对这种形式的教导结果是心存疑惑的。我想起一个事实，众所周知，即使是在给一些学生群体（比如：社会工作者们，或研究生教师们，或医生们）授课时，也不能随意而为，而是要在正式的设置中进行教授。也许一段时间内，这些学生在接受教导，但他们总有机会自由讨论所学到的内容，并阅读更多材料，表达不同的见解和反馈意见。即使在这些有利的情况下，一部分接受教育的学生还是会遇到个人的困难，这些困难是由新思想和新方法，以及复苏的痛苦记忆和被压抑的幻想激活而带来的。他们将不得不面对新的刺激，并重新审视自己的人生哲学。总之，心理学的教授不同于物理学和生物学的传授。

毫无疑问，在谨慎的可控情境下，我们可以对父母进行教学和指导，但通过广播传授教导就超出这个范畴。如果一定要做的话，节目形式是必须严格限制的，侧重呈现那些发生在普通人身上的美好事件。沿着这个思路，无论怎样，这事儿还大有可为，即便考虑到广播节目固有的困难情况下，还是希望BBC能够保留以健康教育为社会提供服务的政策。

【1957】

第二章

继父母的难处

所谓"邪恶的继母"

　　人们时常认为，如果不是童话故事的剧情需要，世间根本就没有邪恶的继母。我个人认为这是错误的，更确切地说，如果没有抓住人们（无论大人小孩）身上隐匿存在的某些东西，那任何童话故事或恐怖漫画都不可能具有普遍的吸引力。童话故事所蕴含的，就是抓住了一些真实的、令人恐惧的和无法接受的东西。是的，三者皆有，真实的、令人恐惧的和无法接受的。人性中任何一星半点不可接受的东西，都会被提取凝结成了可以被接受的虚构的神话或童话故事。这里的问题是，是什么人性因子结晶凝结出了关于继母的童话故事？不管是什么，它既与憎恨和恐惧有关，也同时与爱有关。

　　任何人都很难将人性中的攻击性聚集起来，并将其与爱搅和在一起。而在某种程度上，这种困难在婴儿早期就遭遇了，婴儿最开始对这个世界的感受是非常极端的，非善即恶，非好即坏，非黑即白。坏的部分令人恐惧和厌恶，好的部分被全部接受，好和坏是彼此隔绝的。伴随着成长，婴儿和儿童会逐步走出这个阶段，到达下一个阶段，在这里，他们能够容忍毁灭性的念头与爱的驱力同时存在。之后他们会感到内疚，但他们也发现自己可以做一些好的事情来弥补。如果母亲愿意等待，婴儿真诚而自发地表达爱的那一刻就会到来。而在此之前，在人生的最初阶段，将好坏截然分开是婴儿通常用来应对困难的办法，即使是成熟的成年人也不能完全丢弃这种方式。而在儿童期，尤其是幼儿期，我们很容易允许这种婴儿期遗留的存在。试想一下，当我们阅读或讲述一个好和坏二元对立、截然分开的故事时，我们其实还能发现这种自动化模式。

通常生母和继母在想象中会被放到极端的位置，这点很重要，尤其对于我接下来想说的内容。因为有各种各样的原因让孩子们恨他们的母亲，对任何人而言，直面这种对母亲的恨都是很困难的，有些人甚至不愿意听到"恨"和"母亲"这两个词出现在同一个句子里。然而，不说不等于没有。如果母亲们恪尽职守，那在她们逐渐把孩子们引入现实世界的过程中，她们自己就成了艰难、苛刻的现实世界的代表，而现实世界往往是冲动和欲望的敌人，因此，孩子对母亲自然会有愤恨，即使孩子对妈妈的爱毋庸置疑，还伴有崇拜，但愤恨也会如影随形。基于此，如果有两个妈妈，一个生母死了，又来一个继母，处理就会变得简单，你很容易看到孩子为了缓解紧张不安，让一个妈妈是完美的，而另一个是可怕的。孩子以此方式将对真实世界的期望与自己的信念系统保持一致。

超越以上阶段之后，孩子才会最终理解或感受到母亲的奉献。是母亲在他的生命最早期为其提供必备的条件，让其能够得以成长、发展，开始作为一个人而存在，拥有个人权利、个人动力和个人生存技能。换句话说，生命最开始，婴儿是处于绝对的依赖状态中，当孩子开始意识到这一点的时候，自然形成了对原初母亲意象的恐惧，认为她拥有着全部善和恶的魔力。我们每个人都很难理解和接受，这种全能力量的原初载体就是我们自己的母亲，她作为一个可爱的人被我们认识，但这并不意味着她是完美的或完全可靠的，她只是一个凡人。这一切都让人感觉如此危险。特别是，如果你是一个女孩儿的话，你要面对的母亲，一开始是一个无所不能的人，接着是一个代表着残酷事实且令人抓狂的人，同时是一个始终都很可爱的人，还是一个站在女儿和父亲之间的人：这都是母亲，是同一个人。这里最特殊的一点在于，生母和继母的发心是有所不同的。生母希望女儿赢得父亲的爱，而继母为此感到害怕。综上所述，我们无法预料到孩子们会在什么时候突然长大，突然放弃以分裂的视角看待世界，以及停止将母亲分为好的和坏的。不过，我们能猜想到的是，这些幼年的早期观念或多或少会在成年人身上有所遗存。

我们可以用逻辑论证，可以一遍又一遍地告诉自己，作为人类而言，重要的不是黑或白，而是是否有爱，是否可爱。但是，我们是丢不下心里的梦幻的，谁会愿意失去幻想呢？在幻想中，我们都不需要长大，以自己喜欢的方式活着，就像在旅途中，或逛街购物一样，我们都喜欢这样轻松自在。在幻想中，幼儿、儿童和青少年都躺在成年人身边其乐融融。但是，我们也需要留意幻想的麻烦之处，有时我们也会碰巧分裂成神话世界中的一个黑暗角色。我自己就有被赋予黑暗角色的经历，比如就在当下，当我说，基于对母婴关系的丰富经验，我察觉母亲的爱里是混合有恨和恐惧的，你就可能觉得我是个暗黑狂人。

不成功的故事的价值

在研究任何与人类事务有关的问题时，我们可以浅尝辄止，也可以入木三分。浅尝辄止可以让我们避免很多不愉快的事情，但同时也丢失了更深层次的价值。近期在广播节目播出之后，我收到的信件当中，有一些内容确实超越了所谓的常识。比如，信中有人指出，对待失去父母的孩子，不能刻意"假装"什么都没有发生过一样，继父母们最好能允许孩子使用其他称谓来叫他们，从而孩子可以保留"妈咪""爹地"之类的称谓来指代已经失去的生父母。

失去父母的痛苦会持续地萦绕在孩子心里，而继父母的态度可能在很大程度上帮助孩子消解苦痛。同时这些来信还指出，被收养的孩子内心可能存在异常。比如，有个特殊的案例：这个不被爱的男孩儿在去继母家之前，在奶奶家生活过一段时间，所以他遭遇了两次丧失，因此他容易对人际关系的可靠性感到绝望。如果一个孩子在这种情况下感到绝望，他就不可能冒险与他人建立新的关系，会出于自我保护，拒绝体验深刻的感情和靠近新的关系。

另外，你知道很多母亲在生孩子的时候并不爱自己的婴儿吗？她们感觉非常糟糕，这和继母的感受是一样的。她们试图装出爱孩子的样子，但依然爱不起来。如果可以预先告知她们，爱是一件终究会发生的事情，不用刻意去打开，那么她们会感到轻松多了。通常母亲会很快充满爱意，甚至在怀孕期间就爱上她的孩子，但这是一个纯粹个人体验的问题，而不是一个约定俗成的必然。父亲们有时也存在同样的情况，只是这也许更容易被接受，所以父亲们不需要假装，他们的爱可以按自己的节奏，自然而然地发生。

除了不爱，讨厌孩子的母亲也不在少数。就大多数女性而言，她们看起来将一切都打理得很好，也有人帮助她们，似乎做得也不错。但我知道有许多母亲其实活得非常谨小慎微，唯恐自己有不妥之处伤害了自己的孩子，而且她们还从不愿意提及自己的难处，因为这不可能得到别人的理解。其实，有太多这样的东西被掩藏在人性的深处，就我个人而言，我情愿被一位有着人类所有内心冲突的母亲养大，也不愿意自己的母亲是一位做任何事情都很轻松、熟练，知道所有答案，从不质疑的母亲。

大多数声称自己在某些地方很成功的人，可能在其他地方是不成功的，而那些在正确的时间、正确的地点发生的失败故事往往具有巨大的价值。于是，这里要谈另一个问题，即当继母因为还没能爱上她的继子而承受太多质疑，她显然也不能像一般人一样在失败面前抱怨和呻吟。无论何时，妻子或丈夫收养一个孩子，总是带着很多的背景经历，而这些背景经历带来各种各样的特殊情况。收养还可能是个引发罪恶感的问题，因为这个孩子可以说是"被偷来的"，这也是一个寡妇或鳏夫的整个人生的重大转折，或者被陷入婚姻不幸的人视为拯救。这里有一堆不能被忽视的重要问题，它们会影响继父母们对新关系的底色的期待和想象。

就任何单一案例而言，事情都可以被检验，甚至是有效地检验，但在谈论普遍现象的时候，话题就会变得宽泛而无法面面俱到。如果一个女人能发现她正在养育着的孩子本是他人所生，那么在幻想世界里她与孩子的生母就是竞争对手，即使孩子的生母已逝。她很容易发现自己被自己的想象逼到了巫婆的角色上，而不是慈爱的圣母。

当然，她可能确实还没有发现这些难题，就像有些来信中讲述的那样，她也许更在意在丈夫心里如何取代其前妻。这也无可厚非，确实有许多男人和女人本就在艰难困苦中长大，在他们结婚后仍需为自己的权利而战，否则就会丧失他们的身份和真实存在感。然而，一个女人很容易感觉到来自孩子生母幽魂般的提醒——孩子是别人生的，这是一个难以忍受的提醒。如果这类情况确实存在，而且还是无意识的，就会让前景变得难以捉摸，使情感不可能朝向宽容和爱的方向自然发展。

我仅在此提一下这个事实，有一部分继子女确实令人头疼，这是由他们的过往造成的。人们可以为他们解释，也可以谅解他们，但继母必须得忍受他们。对于继母来说，这是无法逃避的现实。幸运的是，大部分继子女是可以被恢复成友好态度的，就像如此多来信所展现的，在很多的案例里，继子女们确实就像是继母们亲生的一样。所以似乎这里也没有什么特别的困难，或者困难不会大到造成威胁。许多人也就忽视了继养关系的复杂性，并轻而易举地相信这种事情非常简单。对于那种厌恶困难的人来说，我对想象世界的深入探索一定会让他们厌烦，甚至感到危险。这危及他们的安全感。但我还是要说，通过无视噩梦、梦魇，无视抑郁和怀疑而过活的人，他们也将感受不到成功带来的真实感触。

对不成功的故事稍加了解就可以极大地丰富我们的生活。此外，这些故事告诉我们，帮助遭受失败的人们相互认识、彼此照见是有意义的。如果他们聚在一起，聊聊彼此所负担的一切，有时会减轻他们内心的压力。一位记者提议采访一群感到挫败的继父母，我认为这样的晤谈可能会收获颇丰，这将让我们发现继父母们也不过是普通的男人和女人而已。

【1955】

第三章

婴儿吸吮行为的价值

❋

　　认真观察婴儿在两次睡觉之间如何消磨时间，能让我们学到很多东西。但是，首先我们必须摆脱"对和错"的观念，让兴趣源于一个事实：在婴儿身上才能学到关于婴儿的知识。上周的演讲者提出了一个观点：如果某个婴儿吸吮他的拇指或衣物时，我们要做的并不是表达赞成或反对，而是意识到这是一个更加了解婴儿的独特机会。我赞同他的观点，也赞同他所列举的那些给他写信的妈妈们。

　　我们已然关注了各种各样的现象，以描摹婴儿生活的特征。我们可能永远没法完全了解，因为每次观察面对的都是一个新的婴儿，而且没有两个婴儿的脸或习性是完全相同的。我们不仅根据鼻梁的曲线和头发的颜色来认识婴儿，还要看到他们独特的气质。

　　当妈妈们跟我说起关于孩子的事情时，我通常会让她们回忆一下，在孩子最早期发生了哪些特别的事情。妈妈们相当乐意调动自己的回忆，将这些往事描述得栩栩如生。

　　她们告诉我各种关于物品被婴儿据为己有的故事，然后这个物品变得越来越重要，婴儿开始吸吮它，拥抱它，这些物品伴随婴儿度过孤独和不安的时刻，或者提供安慰，或者起到镇静剂的作用。这些物品作为过渡性客体存在，其实是婴儿的一部分，也是世界的一部分。很快这些过渡性客体就有了一个名字，诸如"奶棉"或"口布"之类的，这些名字体现了它们的双重来源。气味和质地是它们的本质要素，你最好别去洗它们。在你们要离开家的时候最好也别遗落了它们。如果你足够明智，你会任由这些客体慢慢消失。就像有首歌里唱的，老战士永远不会死去——你不要去破坏它，也不能搞丢它，更不能把它送出去。

重要的是，你永远不要指望婴儿回答这样的问题："这个东西是你想象出来的吗？"或者"这个世界的一部分是你发现并据为己有了吗？"不过，当孩子再大一点，你可以开始教孩子说"谢谢"，这其实就是让他意识到，那只毛茸茸的玩具狗是一位阿姨送的礼物。但是，在婴儿能说出"谢谢"或理解这个词语之前，在婴儿明确区分"我"和"非我"之前，或者在区分的过程中，婴儿建立起来的第一个客体往往是某样家具的一部分，比如婴儿床和婴儿车。

一个独立人格的形成，一个生命的人生旅程的开启，永远不会重复前人的轨迹。父母对这个新的生命将开启怎样一种人生充满了兴趣，这种兴趣从感受到子宫里第一次胎动那刻就开始了。一个独立的人生即将从这里开始，我将坚持这个观点。我知道小猫小狗也会吸吮布片和玩游戏，但我想说，事实上，即使是动物，它的一生也不仅仅是一堆反射和欲望的集合。

虽然我得承认，生命之初可选择的形式非常有限，但每个婴儿都独具个性，他们的人生至少是从出生时就开始了。婴儿那些看似偶然出现的习性告诉我们，在他们的人生中，所经历的事情远比吃和睡丰富得多，婴儿从一个好的喂养经历中吸收和保留下来的东西也远比简单的本能满足多得多。这些独特习性说明，一个独一无二的婴儿已经在这儿了，一个独立人生已然开启，记忆正在建构起来，个性化的行为模式正在形成。

为了方便理解，我们必须先预设，我们所说的"想象力"在生命之初就存在着一种原始形式。基于此，我们可以说，除了用嘴巴，婴儿也在用双手和敏感的脸部皮肤吸收东西。与喂养中单纯的身体体验相比，喂养体验的想象空间更为宽广。喂养中，婴儿的全部体验很快就能与母亲的乳房之间建立丰富的关联，或者与逐渐意识到的母亲建立关系，再加上婴儿的手部运动、眼部运动，这些都会极大地扩展婴儿在喂养行为中的信息范围。

在生活中，我们看到一个婴儿被以机械化的方式喂养和管控时，往往认为这很正常。而这样的喂养对婴儿来说，根本没有得到充分的体验，还会打断婴儿对存在感的持续感受。我不知道换一个说法能不能讲清楚：这样机械地喂养，就只是一种原始反射活动，而不是一种个人体验。

当你触摸婴儿的脸时，他会展开微笑，不过真相是：此时就算这孩子感受到了什么，也绝非愉悦感。这个微笑与主体意愿无关，只是婴儿当下的反射行为。在生命的最初期，原始反射几乎主宰了婴儿。毫无疑问，我们有能力激发婴儿的原始反射，有能力在婴儿还没有本能需要出现时去给予他满足，但我们不应该滥用这种能力，而应该等待婴儿按自己的节律自发出现这些反应。

婴儿在进食时会做各种各样无关的事情。在成人看来，这些事情都毫无意义，它们不会帮助婴儿增加体重。而我想说的是，其实恰恰是婴儿在做的这些事情，让我们安心地知道，婴儿正在主动地摄取食物，而不仅仅是在被喂食，他们在过自己的生活，而不仅仅是对我们提供的刺激做出反应。

你是否见过一个婴儿一边享受着母乳喂养一边吸吮着自己的手指？我见过。你是否见过梦游的孩子？当一个婴儿吸吮衣服的边角，或者羽绒被，或者橡皮奶嘴时，这些表征都在呈现他们向外溢出的想象力，事实就是如此，中枢兴奋功能激发出了婴儿被喂养的想象。

我换一种说法。你有没有想过，被环抱的感受、吸吮手指、吸吮衣物，以及紧紧抓住布娃娃，这些都是婴儿最初表现出的亲热行为？还能有什么比这更重要呢？

你也许会认为你的孩子具有情感能力是理所当然的，但是，你很快就会重新认知这个问题。如果你有个孩子，你可能发现他不太会表达爱和情感，或缺乏表达技能。你也许可以诱导一个看起来不愿意进食的孩子吃东西，但是你没有办法使一个感情麻木的孩子表现得深情。你对这个孩子倾注大量的情感，但是他或许转身走开，或许沉默不语，或许尖叫着表示抗议。

我们谈及的这些不合常规的、非主流的行为，其实是婴儿作为一个独立个体存在的标志，而且，也是婴儿对母婴关系充满信心的标志。正如我们之前所说的，婴儿能够使用物品作为母亲或母亲的某些特征的象征性客体，并且能够投入地享受仅仅是和象征性客体游戏的行为，这些行为在某些方面已经远离了本能行为，也就是说，远离了摄取食物本身。

那让我们来看看，如果婴儿开始失去信心会发生什么？一个轻微的丧失可能会让婴儿的吸吮行为带有一种强迫性成分，无论吸吮的是什么，这个丧失都可能让吸吮习惯不再是个插曲，而成了主旋律。但是，如果婴儿遭受了更为严重或更持久的丧失的话，那么他便丧失了与吸吮衣物边角、用嘴玩耍、挠鼻子等这些行为相关的全部能力。而这些游戏行为所带来的生命的意义也都随之熄灭了。

这些最初的游戏客体和游戏活动，都存在于婴儿和外部世界之间的中间地带。在婴儿区分"我"和"非我"这一缓慢发展过程的背后，存在着一个巨大的张力，我们需要留出时间让这种发展自然而然地发生。我们发现婴儿开始刻意挑选某类事物，就可以知道，有一个外部世界和一个内部世界的存在，为了帮助他们理解，我们要容许有一个中间世界，一个兼具两者的中间世界，既是个人的，也是外部的；既是我，也是非我。这与童年早期激烈的游戏一样，也和大一点的孩子或成年人的白日梦一样，既不是梦，也不是现实，同时也既是梦又是现实。

想想看，我们中的任何一个人，有谁的成长是脱离了中间地带的？每个人在自己个人的内在世界与外部世界（或共享现实）之间，都需要有中间地带。婴儿在两个世界之间创建中间地带时感受到的张力永远不会消失，正如我们留给自己的文化生活，其中有可以分享的东西，也有非常个人的东西。当然，我指的是类似友谊和宗教习俗之类的事物。无论如何，我们每个人都会做一些毫无意义的事情。比如，我为什么会抽烟？想知道答案，我不得不去问一个婴儿，我相信他肯定不会嘲笑我，因为他比任何人都更明白，一直保持理智是多么地愚蠢。

也许，这听起来会很奇怪，但是，吸吮拇指或布娃娃可能会带给婴儿真实的喂养感受，而真正的喂养行为却可能带来不真实的感觉。实际上，喂养触发的是原始反射，本能以一种纯原始的方式起作用，而此时，婴儿的自体还在建构过程中，还没有发展出能够覆盖涵容如此强大的体验的能力。这有没有让你想起那匹赢得赛马大会的无主之马？马虽然第一个跑到了终点，但马主人却没有赢得奖赏，因为骑师没能待在马鞍上。马主人为此感到沮丧，而骑师可能也受伤了。当你调整自己以一种在最开始就适应婴儿的个性需求和节奏的方式时，你就像能够在比赛中一直待在马鞍上的骑手，和自己的马一起，享受驾驭之乐直至终点。

对于一个自体还不成熟的非常小的孩子而言，类似吸吮衣物这些特异的习惯动作，能让他感受到真实，这也许正是婴儿自我表达的方式，这也给了母亲和婴儿一个建立人类交互关系的机会，而不是什么需要得到宽恕的动物本能。

【1956】

第四章

说"不"的三个阶段

这次节目和接下来的两次节目的内容可以构成一个系列，主题是家长对孩子说"不"的三个阶段。今晚，你们将听到几位妈妈的一场讨论，在最后我会做一个简短的评论。提前预告一下，下周和下下周，我将进一步讨论这个主题，并引用一些本次讨论中提及的内容观点。

我想你们会喜欢这场大约8分钟的讨论。我觉得它非常真实。你们听到后就可以确定它不是演出来的，因为这就是你们讨论相同话题时会呈现出的样子。

妈妈们的讨论

妈妈们

"很难找到个皆大欢喜的法子，不管是一直叮嘱孩子们不要这样、不要那样，还是索性放手让他们敞开去做，都没法皆大欢喜。但是，另一方面，你又不可能让家一直被搞得乱七八糟。"

"我刚搬到新家里，一年前我们有了套公寓，得采买各种各样的东西来布置，这时我们也有了一个宝宝。于是我决定干脆让宝宝在公寓里自由自在地玩耍，她将成为一个快乐的宝宝。"

"是啊，不过她才多大来着——20个月？"

"21个月，非常活泼、好动。"（她们交谈起来）

"3岁呀！3岁和21个月的孩子已经不太一样了。"（她们交谈起来）

"但我还是打算继续这样。"

"那你的孩子去别人家拜访的时候，你也随她这么自由吗？"

"现在是的，因为她现在对周围环境都感到非常好奇，在她这个年纪是该这样的吧。"

"我认为，孩子在拜访别人家时是否举止得当，很大程度上取决于他们在自己家里拥有多大的自由度。因为如果孩子们在自己家里，能以各种方式四处踢打、玩耍、涂涂画画，那么他们就不会……"

"他们就不会那么好奇了。"

"那么他们就不会想在别的地方这样做了。就好比，当你从超市买了东西回来时，孩子会来翻那米袋——如果你愚蠢到把米袋随随便便放在地上的话——把这袋米撒得满地都是。（众笑）所以不怪孩子淘气，而是家长犯傻。我的意思是，当我的孩子这样干时，我会意识到，我得赶紧带孩子去玩沙坑，因为在那儿——你懂的——孩子可以尽情撒欢儿，越早让他们去玩，我们就会越省心。"（她们又交谈起来）

"难道孩子玩沙坑从来不会感到厌倦吗，会不会觉得大米更有意思呢？"

"当然会，不过，我的意思是，嗯，比如踩泥水坑。这是我从别人那儿学到的一点经验，因为我家孩子第一年时，请了专人来照顾，不是全天候那种，而是在我教课的时候搭个手（在有第二个孩子前，我决定要继续教课）。有时哪怕孩子穿着平时不防水的鞋子，照顾她的那位保姆也会允许她跳进水坑玩。然后，她会在另一些特定时候对孩子说：'好啦，这次你不能进水坑玩了，因为你刚出门，鞋如果弄湿了，我没法立刻帮你换哦。'然后孩子就不会去踩泥水坑了。这是我学到的一个很好的经验。我的意思是，当孩子的要求和行为不是太过分，不会造成太多麻烦的时候，如果放手让孩子敞开去做他想做的事，那么当你向孩子解释说明这次有特定原因不可以做的时候，他就不会去做了。"（大家交谈起来）

"可这种解释有时并没什么用，不是吗？"（她们讨论起来）

"你要做好准备，解释有时还会令孩子的行为反弹。"

"你可以把这种解释说明弄成一个游戏：'让我们一起来做这个吧'，然后不着痕迹地让他们放弃正在做的那些有破坏性的事情，然后去找到别的事情做。"（她们又交谈起来）

"我刚才的解释太理性了。我的意思是，不管孩子当时在捣什么乱，要借助玩游戏的方式，然后把孩子引向这个新游戏。"

"转移注意力吗？"

"是的，转移注意力。"

"我认为，这取决于家长不要对太多的事情说'不'。我的意思是，当我们的第一个孩子还很小的时候，我们会在两件事上说'不'。一件事情是，我们不希望客厅里的那些绿植被孩子扯来扯去。另一件事情是不让孩子触摸电线，因为家里有太多的电线露在外面。孩子做这些事情的时候，我们会对孩子说'不'；至于剩下的——我是说如果还有其他可能造成危害的东西，我们就要把它们拿走。"

"这太明智了。"（她们交谈起来）

"总有些事情是要说'不'的，而另一些事情则不用。所以当家长出于某些原因，对孩子的一些新的行为说'不'时，即使孩子无法理解，他也不会坚持。"

"我也开始对孩子用这法子了，收效甚好，能成功应对危机。"

"总有些场合你免不了得说'不'。在孩子只有21个月大的时候，你可以把一些危险的东西拿走，放在他们够不着的地方，因为他们还不太会爬高去拿。不过有的东西，像插座插头啥的，你没办法把它挪开。"

"你应该安装适合的插头——一般家用电器都有安全的插座插头。"

"我认为，你只要确定在涉及安全的事情上说'不'，并坚持这个原则即可。毕竟被家长打一下，远远比被电击，或遭受其他危险要好得多。"

"毕竟，你没法把所有插座插头都挪走。"（她们又交谈起来）

"我认为家长划定出一些说'不'的事项，并坚持那些原则，确实不是件容易的事情。如果有件对孩子来说足够重要又足够有趣的事项，被家长划定为'不'的事项的话，反而会让孩子对它更加着迷，因为它是件被禁止的事项。比如说火柴——他们能拿到一堆小玩意儿，而火柴将是屋子里让他们感觉最有趣的东西，因为家长一直对孩子们坚决地说'不'许碰火柴。我觉得——我觉得家长应该让孩子们去玩一玩火柴。"

"有没有人试过教孩子如何擦燃火柴，并教他如何拿着……"

"……但，那会让孩子们更为之着迷的。"

"这我就不知道了，但我觉得这可能是个好的办法，能让孩子们知道如果他们继续玩火柴会发生什么，带来什么后果。"

"即使真的一不小心烧到了孩子们的手指？"

"这我说不好——我想这是两难的决定。但是，如果他们离燃烧的火柴头足够近，足以意识到火焰温度很高，感到疼痛，还可能把手指烫伤，或者他们可以从其他更安全的事项中学习到什么是烫了。"

"是的，这方面我很幸运。我家孩子有一次碰到了自动加热的毛巾架，当时架子是热的，他被烫了一下，于是我顺势告诉他那是

'烫'。"

"我家二宝,可能会因为一些事情受伤,然后他会意识到危险,学到经验。或者我认为他能意识到他是为什么而受的伤;但第二天,他又很乐意地去干同样的事。"

"我确信这和每个孩子的性情有关。我家大宝大约18个月大的时候,咬了一口热乎乎的培根,我提醒说'烫',从那以后,我想她再也没把自己烫到过。因为她知道'烫'是什么意思了,对'烫'也有了丰富的想象,并且很怕'烫'。但我家二宝就不一样了。他已经吃过很多很多口热培根了。"

"有些事情是孩子不能做的,尽管这些事情未必真的会伤害到他们。比如那种具有自动点火功能的煤气灶。我家小朋友要做的仅仅是打开点火器。这个动作启动了煤气灶,却没有伤害到他,他只是点燃了煤气,但这其实非常危险,可能会烧毁煤气上方出现的任何东西,造成很大的破坏。他知道自己不应该这么做,一边做还一边摇头。"(众笑)

"这种时候难道不该扇他耳光吗?"

"这难道不该是家长必须长期留神警惕的,一旦孩子靠近就把他打走吗?"(她们交谈起来)

"母亲就是不应该让孩子进厨房,而且没的商量,就该如此。这是我们要承担的责任。"

"但你当时可能正忙着洗菜啊,做饭啊,根本顾不过来。"(她们交谈起来)

"孩子可不会一直乖乖待在他的游戏围栏里。"

"哦,孩子们确实不会,我知道,但我想应该有个法子可以解决这种相当普遍的问题。那就是转移他们的注意力。如果孩子跑去煤气灶那里想点火,你就给他有相同吸引力,但安全的东西。你需要始终提醒大一点的孩子们，必须把炖锅的把手转开，这样家里更小的孩子就不会过来拉把手玩了。"

"我们很幸运。我家的餐厅和厨房之间有一扇门，孩子们只好把餐厅当作游戏区，而我也尽量让他们就待在那块儿玩。但是，我不会把厨房门关上。这样孩子们知道，我就在餐厅隔壁的厨房里，而且只要他们想，就可以看见我，于是他们几乎总是待在餐厅里玩。"

"几岁的时候？"

"哦，从很小的时候就开始了，从他们在游戏围栏外玩耍开始，差不多1岁。他们会从餐厅过来，在厨房门口看看我，然后又会走回去，和所有的玩具待在一起，继续玩。"

"你认为这种时刻需要保持警惕，随时想办法转移孩子们的注意力，还要不断提醒他们等等，是妈妈们最劳累的事情吗？"

"是的。"（几个人同时说道）

"还要补充一条，时间的问题。你得学会尝试同时做很多事情，你要做饭，你可能还要煮尿布，有人敲门，然后当你转过身来，突然发现你家孩子正在旋转燃气开关，或者他正在试着把你昨晚忘挪走的电热器插上电……这一系列事情碰巧偶然发生——你不可能事先预估到所有事情。"

温尼科特

我期望这群妈妈一边喝着茶，一边继续讨论和交换意见。我们需要把她们留在这里。

正如我先前所说的那样，这周我将只做一个简短的一般性评论，在下周和下下周，我希望继续讨论这个内容并加以拓展。我一直很享受倾听人们谈论他们的专长。比如当农民谈论小麦、黑麦和土豆，或者任何工匠谈论他的手艺。又比如，听这些妈妈谈论24个月、3岁或任何其他年龄段的孩子们之间的不同。她们清楚地知道每个月孩子发生哪些巨大的变化。在12个月大的时候，他们只能理解少量的几个单词。然而，在24个月大的时候，口头的言语解释开始成为一种很好的沟通方式。当孩子真正懂得了"不"的意义时，言语解释也成了一种获得合作的有效方法。

我们可以从妈妈们的讨论中看到，孩子经历了几个发展阶段。我把它划分为三个发展阶段。

第一阶段，你需要时刻全权负责。

第二阶段，你开始向你的宝宝表达拒绝，说"不"，因为你发现宝宝开始有能力分辨你允许做什么、不允许做什么，以及他呈现出智力的曙光。你不要用道德上的是非对错来对待孩子，你只要让宝宝知道，他们面临的各种危险，你想要保护他们免于遭受危险。我认为，你每次的拒绝，说的"不"，是基于现实中真正的危险。你还记得有两个母亲谈论"烫"的话题吗？她们在适当的时候，说出了"烫"这个词，从而将危险与疼痛联系了起来。但是，还有很多危险与疼痛之间并没有如此简单直接的联系，所以在下一阶段到来之前，必须说出足够多的"不"。

在第三阶段，你通过提供一个解释说明，就可以获得宝宝的合作，这涉及了语言。"不"，因为它很烫；"不"，因为我说过"不"允许这样了；"不"，因为我喜欢那株植物，这意味着，如果这株植物被孩子们扯来扯去，你将会有几分钟不那么爱他了。

我大概介绍了三个阶段，但这些阶段之间是相互重叠的。首先，在第一阶段里，你要承担全部责任，如果有什么不幸的事情发生，你会责备自己，而且这个阶段只会非常缓慢地逐渐消退。事实上，你会继续对孩子们负有责任，只不过随着孩子理解事物的能力逐渐增长，你会稍微轻松一些，所负的责任也在逐渐减轻。如果第一阶段已经成为过去，这意味着你的孩子已经成长到不再需要家庭控制，而成了一个独立的社会成员。

在第二阶段，你把自己和自己的世界观灌输给婴儿。通常这个阶段会转变到第三个解释阶段，但转变的速度和方式不仅取决于你，同时也取决于孩子。孩子们彼此的成长方式是如此不同。我们下周可以接着讨论这些要点。至此，也许你已经明白，说"不"，其实不仅仅是在说"不"。

* * *

上周，你已经听到一些妈妈在讨论关于说"不"的话题，然后我对其做了一个简短的评论。这周和下周，我将会谈一谈我在听到妈妈们讨论时的一些思考和想法。但我也想讲一些与整个讨论有关的事情。

在工作中，我了解到许多妈妈没有在足够幸运的处境里，她们会面临很多困难。也许她们自身就存在很大的困难，即使知道良好成长的实现途径，也很难真正去执行；也许她们的丈夫经常不在家，也许她们的丈夫不能给予适当的支持，或者还会干涉她们，甚至会嫉妒她们；也许有些妈妈没有丈夫，但仍要独自把孩子抚养长大。除此之外，还有一些人被困在不利的、恶劣的养育环境中，比如贫穷、拥挤的住处，不友善的邻居。妈妈们陷入如此种种艰难的情况，导致她们过分专注于细节，没法顾及整体，见树不见林。还有一些妈妈在照顾着别人的孩子。

我觉得，能聚在这里一起讨论自己如何照顾孩子的妈妈们，在平常生活中都是健康和幸运的人。而且她们拥有一种安全感，这是处理育儿现实的各种难题时所必备的安全感。我知道，大多数妈妈就像她们一样，但我想让大家关注到一个事实——她们是快乐幸福的。想让大家关注到这点，部分原因是，如果我们把好运视为理所当然，那就会错过一些东西；而另一部分原因是，我想到了所有可能正在收听节目的妈妈们，那些处于压抑中的、不幸福的、充满沮丧和挫败的、感到失败的妈妈，毕竟每个妈妈都很想成功地养育孩子。

如上所说，我要提醒大家注意上次我划分出来的三个发展阶段，我将最后再为大家总结一下。第一阶段，我说，妈妈们被卷入了一个需要为保护婴儿承担起全部责任的阶段。然后，到了第二个可以说"不"的阶段。再然后，到了第三阶段，你就可以进行言语解释说明了。

关于你承担全部责任的第一阶段，我想再说一点。也许在这几个月的时间里，你打算一次也不让你的宝宝感到失望。但无疑，自始至终你都会令他感到沮丧、失望。因为你不能，也没有任何人能，满足一个婴儿的所有需求——你不必做到尽善尽美。在第一阶段里，是没有"不"的，对吧；我也和大家讲过，这个阶段与随后的各个阶段都有所重叠；这些阶段会不断延续，直到你的孩子成长到可以不再依赖家庭的控制，成为成熟的成年人，独立的社会成员。在这期间，你将会做些让孩子讨厌的糟糕的错事，但我不认为你会让孩子真正失望，如果你有能力帮助孩子的话就更不会了。

在接下来我所谓的第二阶段，"不"开始出现。你会设法以这种或那种方式传达"不"的含义。有时也许你只是说"哎哎哎哎"；有时也许你皱起鼻子或皱眉；有时也许你直接说"不"，这是个非常好的方法，除非你的孩子耳朵是聋的。我认为，如果你是位快乐的妈妈，你将发现，以现实为基础说"不"并建立起一种适合自己，还能适应周围世界的生活方式，是比较容易的。而不快乐的妈妈们，由于自己的不快乐，可能会在育儿中过分渲染表达幸福有爱的一面，而在有些时候，她们说"不"，仅仅只是因为自己感到烦躁，被孩子激怒了，而这样的"不"对孩子来说并没有任何帮助。接下来是第三阶段，也是我说的言语解释阶段。有些人会感觉到如释重负，在这个阶段终于可以好好轻松下来了，因为终于能够和孩子进行理性的沟通交流，并寄希望于得到孩子理解了。但我想说，这一切的基础其实源于早前两个阶段的铺垫。

现在我想提醒大家留意妈妈们讨论的内容，其中一位妈妈说她每次只会表达一个"不"。我认为关键是她自己很清楚什么是她允许的，什么是不被允许的。如果她一直处于乱糟糟的状态，自己对标准也是迷糊的，那么孩子将会失去一些有价值的事情。让我们再来重温下这些妈妈谈话的片段吧。

妈妈们

"我认为，这取决于家长不要对太多的事情说'不'。我的意思是，当我们的第一个孩子还很小的时候，我们会在两件事上说'不'。一件事情是，我们不希望客厅里的那些绿植被孩子扯来扯去。另一件事情是不让孩子触摸电线，因为家里有太多的电线露在外面。孩子做这些事情的时候，我们会对孩子说'不'；至于剩下的——我是说如果还有其他可能造成危害的东西，我们就要把它们拿走。"

"这太明智了。"（她们交谈起来）

"总有些事情是要说'不'的，而另一些事情则不用。所以当家长出于某些原因，对孩子的一些新的行为说'不'时，即使孩子无法理解，他也不会坚持。"

"我也开始对孩子用这法子了，收效甚好，能成功地应对危机。"

温尼科特

从这里我们可以看到，妈妈具有适应婴儿需求的能力，婴儿的需求先从简单的事情开始，随着发展变得越来越复杂。在一开始，婴儿只有两件不被允许的事，后来，毫无疑问，不被允许的事增多了。这样的拒绝其实避免了让孩子出现不必要的困惑混淆。

然后，我们需要提醒自己，在能够使用语言进行解释前，如何以使用一个词的方式来向孩子表达"不"的含义。这里我们回顾一下，在我所谓的第二和第三阶段，我们只是使用了"烫"这一个词，就能向孩子准确地传达出"不"的意义了。

妈妈们

"即使真的一不小心烧到了孩子们的手指？"

"这我说不好——我想这是两难的决定。但是，如果他们离燃烧的火柴头足够近，足以意识到火焰温度很高，感到疼痛，还可能把手指烫伤，或者他们可以从其他更安全的事项中学习到什么是烫了。"

"是的，这方面我很幸运。我家孩子有一次碰到了自动加热的毛巾架，当时架子是热的，他被烫了一下，于是我顺势告诉他那是'烫'。"

"我家二宝，可能会因为一些事情受伤，然后他会意识到危险，学到经验。或者我认为他能意识到他是为什么而受的伤；但第二天，他又很乐意地去干同样的事。"

"我确信这和每个孩子的性情有关。我家大宝大约18个月大的时候，咬了一口热乎乎的培根，我提醒说'烫'，从那以后，我想她再也没把自己烫到过。因为她知道'烫'是什么意思了，对'烫'也有了丰富的想象，并且很怕'烫'。但我家二宝就不一样了。他已经吃过很多很多口热培根了。"

"有些事情是孩子不能做的，尽管这些事情未必真的会伤害到他们。比如那种具有自动点火功能的煤气灶。我家小朋友要做的仅仅是打开点火器。这个动作启动了煤气灶，却没有伤害到他，他只是点燃了煤气，但这其实非常危险，可能会烧毁煤气上方出现的任何东西，造成很大的破坏。他知道自己不应该这么做，一边做还一边摇头。"（众笑）

"这种时候难道不该扇他耳光吗？"

温尼科特

……好吧，也许是这样，要扇孩子一耳光。你可以从她们的谈话中看出来，一些重要的育儿工作恰恰就是让问题在生活的日常时刻得以解决。没有——对应的经验教训，也无须在特定的时间去学习。人们的经验教训来自自己的反应方式。

不过，我要再次强调，妈妈们不可能对婴幼儿的安危永远保持警惕，也不可能永远不犯错。

妈妈们

"就好比，当你从超市买了东西回来时，孩子会来翻那米袋——如果你愚蠢到把米袋随随便便放在地上的话——把这袋米撒得满地都是。（众笑）所以不怪孩子淘气，而是家长犯傻。我的意思是，当我的孩子这样干时，我会意识到，我得赶紧带孩子去玩沙坑，因为在那儿——你懂的——孩子可以尽情撒欢儿，越早让他们去玩，我们就会越省心。"

温尼科特

是的，米撒了确实是妈妈的失误，不是吗？可是，我猜她也很生气！有时候，这只是个房屋结构设计的问题，家里不同功能空间的布局问题。在厨房和孩子游戏区中间的门上，最好安装一大块玻璃，以便妈妈能看到游戏中的孩子。

妈妈们

"我们很幸运。我家的餐厅和厨房之间有一扇门，孩子们只好把餐厅当作游戏区，而我也尽量让他们就待在那块儿玩。但是，我不会把厨房门关上。这样孩子们知道，我就在餐厅隔壁的厨房里，而且只要他们想，就可以看见我，于是他们几乎总是待在餐厅里玩。"

"几岁的时候？"

"哦，从很小的时候就开始了，从他们在游戏围栏外玩耍开始，差不多1岁。他们会从餐厅过来，在厨房门口看看我，然后又会走回去，和所有的玩具待在一起，继续玩。"

温尼科特

是的，这个妈妈很幸运，不是吗？她家的房间布局，在厨房和餐厅之间有这样一扇门。

然后，我们可以感受到妈妈们因为需要时时刻刻保持警惕的压力。这一点相当真实，在我看来，女人在结婚前，拥有一份固定的工作，她们可以感受到大多数男性在工作中体验到的满足感，能够集中精力去做事，然后回家休息。在这点上，这个世界对女性难道不是有点不公平吗？让我们来听听讨论组里的妈妈们对此怎么说。

妈妈们

"你认为这种时刻需要保持警惕，随时想办法转移孩子们的注意力，还要不断提醒他们等等，是妈妈们最劳累的事情吗？"

"是的。"（几个人同时说道）

"还要补充一条，时间的问题。你得学会尝试同时做很多事情，你要做饭，你可能还要煮尿布，有人敲门，然后当你转过身来，突然发现你家孩子正在旋转燃气开关，或者他正在试着把你昨晚忘挪走的电热器插上电……这一系列事情碰巧偶然发生——你不可能事先预估到所有事情。"

温尼科特

你当然不能提前预估到每一件事。幸运的是，并不真的需要时时刻刻保持警觉，尽管我们会感觉理应如此。妈妈只需要在一定时期内做到对孩子时刻警觉。很快，婴儿发展到了学步期，接着不久就要去幼儿园了，那时，老师也会参与分担对孩子的安危保持警觉这项工作。然而，"不"，仍然是家长和孩子对话的词汇表中一个重要词汇，对孩子有所禁令，仍然是父母的一项明智之举，直到每个孩子以自己的方式打破父母的控制，并建立起个人的生活方式。

这次讨论中，我还有一些重要的东西没时间谈及，很高兴有机会能在下周继续讨论。

* * *

本周我将继续讨论育儿中说"不"这一主题。我将以之前一样的形式来讨论，并继续讲三个阶段，因为这很实用，可以将自然发展过渡到我们后续要探讨的主题——什么时候说"不"，如何说"不"，以及为什么说"不"。我将用另一个方式重新描述一下这三个阶段，所以如果你上周没听到或者已经完全忘了，都没有关系。

我说过这三个阶段是存在相互重叠的。第一阶段不会在第二阶段开始后就完全结束，以此类推。第一阶段发生在你说"不"之前，还不涉及你说"不"，因为孩子还不具备理解能力，事实上父母要适应孩子，掌管全局，对孩子承担全部的责任。不过，这种责任会逐渐减少，但直到孩子发展成熟之前绝不能完全放任不管，也就是说，父母承担的责任会随着孩子不再需要家庭提供的控制而逐渐减少。

　　我所谓的第一阶段，实际上取决于父母的态度，而且父亲（如果父亲在养育过程中是存在的，并且在孩子的身边的话）很快就会参与建立和维持"父母的态度"。我稍后会讲到后两个阶段；后两个阶段涉及言语表达，而第一阶段完全不涉及言语表达。所以一开始参与进来的是母亲，很快是父母双方，这才能成功地完成他们的养育工作，才能注意到那些还没发生的、意料之外的事情。父母双方可以有意识地、不慌不忙地解决这些事情，但这主要体现在他们身体的本能反应方面；一套反映父母心理态度的完整行为模式会让婴儿感到安全，就像吸吮母乳一样，婴儿把母亲对自己的信任感也同时摄入了自己的内在。

　　在这段时期中，父母所说的"不"，其实是他们对这个世界说的"不"，他们是在说："不，不能离开或进入我们画的圈；圈里是我们在意的东西，我们不允许任何东西越过这个屏障。"如果父母受到惊吓，就必然会有东西越过屏障，伤害婴儿，就像一阵可怕的噪声穿过了屏障，给婴儿带来强烈的感觉刺激，让他无法忍受一般。在二战的空袭中，婴儿们并不害怕炸弹，但当他们的妈妈感到非常恐慌时，婴儿就会立刻受到影响。但是大多数婴儿在最初的几个月里都能安稳地度过，未曾遭受过炸弹轰炸的痛苦。直到世界最终不得不突破这些屏障时，日渐成长的孩子已经开始发展出处理意外情况的能力，甚至已经能够预测即将发生的事情。我们可以讨论成长中的儿童所习得的各种各样的防御机制，但那将是另一个论题的内容了。

　　当家长认为在养育的早期阶段自己要担负起全部责任时，就产生了父母的责任感——这是父母将自己与孩子区别开来的地方，或许这使得一些父母希望只和孩子做朋友的想法变得荒唐和无意义。但是，婴儿最终能知道，妈妈不让做的事情里存在危险，是妈妈保护了他们，避免并远离了危险。同时孩子们也会知道，什么样的行为会影响妈妈对自己的爱和喜欢。因此，孩子们会逐渐开始发现自己也能对有些事说"不"了。

我们现在可以看到，当妈妈们不再是对周围的世界说"不"，而是开始对自己的孩子说"不"时，第二阶段就开始了。这被称为引入现实原则，但它被称作什么其实并不重要；母亲和她的丈夫一起逐渐把婴儿带向现实，也同时把现实逐渐地介绍给婴儿。其中一个方法是通过下达禁令来实现。也许听我这样说你会感到很高兴，但说"不"、下达禁令都只是其中的一种方式。"不"（禁止）的基础，是"行"（允许）。

有一些婴儿是在"不"的基础上长大的，他们的妈妈也许觉得，只有靠自己识别并排除掉无数危险情境后，才能保障孩子的安全。但如果婴儿只能以这种方式认识世界，将是一件很不幸的事情。相当大比例的婴儿能够通过其他方法了解这个世界。孩子们可以接近越来越多的客体，触及的世界得以不断扩大，这与母亲说"行"相关。由此看来，婴儿的发育成长更多是母亲的允许带来的，而不是那些禁令。

"行"（允许）是基础，构建起"不"（禁止）赖以依存的背景。这当然不能完全涵盖那些必须做的事情；这仅仅是说明婴儿的发展主要沿着哪条线进行。婴儿在生命早期可能十分多疑，他们疑心很大。而且我必须提醒大家，孩子们的性格各不相同，但大多数婴儿至少能在一段时间内信任自己的妈妈。总的来说，婴儿们都能得到妈妈允许他们触碰的东西和食物。所以，整个第一阶段，难道不是妈妈们给婴儿的一个大大的"行"（允许）吗？之所以能给出大大的"行"（允许），是因为你并不想让宝宝感到失望。你也从不会在育儿这个总体任务上有所疏忽。这是一个很大的、不言而喻的"行"（允许），而这将为婴儿在这个世界上的生存奠定坚实的基础。

我知道实际情况其实更复杂。很快，婴儿就变得具有攻击性，并

产生破坏、摧毁性的想法，因此，婴儿对母亲的信任受到了干扰。而
且有时即使妈妈表现得像平常一般，孩子也会觉得她一点都不友好。
但我们不需要在这里处理这些复杂的问题，因为实在有太多要考虑的
因素了，这个世界迅速地变得现实，变得复杂起来。比如，妈妈这里
有一系列禁令，而在热心帮忙照顾的奶奶那里又有另一套禁令，也可
能保姆还有她的一套禁令。而且，妈妈们并不都是科学家；她们有各
种无法被检验证实的信念。比如，有位妈妈担心任何绿色的东西都是
有毒的，所以绝对不能放进嘴里。那么，一个婴儿如何知道绿色的东
西有毒，而黄色的东西是有益的呢？而且，如果这个孩子是色盲又该
怎么办呢？我还听说，一个婴儿由两个人照顾，这两个人一个是左撇
子，一个是右撇子，这对于婴儿来说就过于复杂了。以此，我们预计
可能会有各种复杂又混乱的情况出现，但婴儿还是安然度过了。他们
进入了第三个阶段，解释阶段。然后，他们可以从父母的知识储备中
获取智慧，可以学到我们的所思所知，而且最棒的事情是，他们可以
不同意我们给出的道理，有能力表达异议了。

　　让我再回顾一下我刚才说过的内容。首先，这是关乎婴儿的照护
和依赖的问题，有点像信仰。其次，就是道德准则方面，在婴儿发展
出个人道德准则之前，需要依靠母亲的道德准则发挥作用。最后，通
过解释，终于产生了一个理解的基础，而理解带来了科学和哲学。看
到像这样的重大事件开始于一个人非常早期的阶段，难道不觉得很有
意思吗？

　　关于母亲说"不"，我想再多说几句。我认为这是父亲第一次
出现的象征。在某种程度上，父亲们也和母亲们一样，他们可以照看
孩子，并且可以完成各种女性做的事情。但在我看来，父亲在婴儿的
视野中，代表着使母亲能够硬起心肠说"不"，并坚持说"不"的标
志。然后一切发展顺利的话，这种关于"不"的原则会被逐渐具体化

到男性身上，即爸爸身上。于是孩子逐渐地喜爱上爸爸这个个体，即使偶尔爸爸管教打了孩子，也不会失去什么，导致什么严重后果。但是，如果爸爸想要打孩子，他必须先赢得打孩子的权利。要赢得这个权利，就需要日常陪伴在孩子身边，以及不站在孩子那边去反对妈妈，诸如此类。一开始爸爸们可能不喜欢把"不"的原则具体化在自己身上，但当我阐明了孩子其实喜欢被人告知"不"时，或许爸爸们能稍微接受一点。孩子们其实不想总是玩柔软的东西，他们也喜欢石头、棍子和坚硬的地板，他们喜欢被拥抱的同时，也喜欢被明确告知做哪些事情会受罚。

【1960】

第五章

嫉妒

温尼科特

你怎么看待嫉妒呢？你认为嫉妒是好的还是坏的？是正常的还是异常的？接下来我们将听到一些比较小一点的孩子的妈妈之间的讨论。听到这些关于嫉妒表现的描述时，我们要在心里保持对这个问题的思考，想一想，这是我们期望的、意料之中的事情，还是哪里出了问题而导致的？我认为答案一定很复杂，但这里没必要把它复杂化。所以，我们先选择讨论一些每个家庭都在发生的关于嫉妒的事情。

我并不介意提前透露出我的观点，在我看来，嫉妒是正常和健康的现象。嫉妒源于孩子们有了爱的能力这一事实。如果孩子们还没有能力去爱，那么他们就不会表现出嫉妒。当然，我们也必须关注到嫉妒不太健康的方面，尤其是那种隐藏的嫉妒。我想你将会看到，在这些妈妈们讲述的故事里，嫉妒通常会自然而然地消失，尽管它可能会再一次出现，然后又再一次消失。最终，心理健康的孩子有能力表达出他们的嫉妒，而这给了他们机会来讨论他们到底在嫉妒什么，并且这样的讨论可能会对孩子们的嫉妒有所帮助。

我的观点是，嫉妒首先代表着婴儿在个体发展中出现的一项成就，它表明孩子已经具备了爱的能力。更进一步的发展成就则是孩子能够容忍嫉妒。孩子的第一次嫉妒，通常是在新生儿出生的时候。众所周知，即使家里只有一个孩子，也不能避免嫉妒的产生。任何占据了妈妈的关注和时间的事物就像另一个宝宝一样，都会引起嫉妒。我相信，那些感受到嫉妒并最终妥协和容忍了嫉妒的孩子，都获得了更为丰富的内在体验。这就是我的理念。现在我建议，大家一起来听听这些妈妈们关于嫉妒的讨论和回答吧。

妈妈们

"S夫人，我知道你有8个孩子。他们之间彼此嫉妒过吗？"

"他们当中两三个孩子会相互嫉妒。老二出生的时候，老大才15个月大。大概是在老二第三周龄的时候，有一次，我正在给他喂奶，老大含情脉脉地看着弟弟，轻轻地摸着他的头发，嘴里亲切地说着'吧——吧'，于是我说'是吧，弟弟是不是很可爱啊？'然后下一分钟，老大的声音和语气腔调都变了，他压在弟弟的头上，敲了一下弟弟，对他嘶喊着'吧——吧'。这时，我才开始意识到，老大对弟弟的出生并不感到高兴。

"大约一周后，我戴上帽子正准备出门，有什么东西吸引我向客厅的窗外看了一下，就这一晃眼的工夫，我发现老大正试着把弟弟从婴儿车上拉出来摔在地上，于是我赶紧把老大放回到他原来的位置，把婴儿车掉转过来，把弟弟放回婴儿车扶手里面，我把他们都重新安置了一遍，然后发现婴儿车里再没什么麻烦了，他们其实都不喜欢被别人打扰。然后我还发现，我家老大经常大叫，哭得很厉害，还跺脚，我想他之所以这样，可能是弟弟出生的缘故吧。"

"他现在还嫉妒弟弟吗？"

"现在一点也不了。他已经度过那个阶段了。他现在是孩子们的老大哥，并因为有弟弟妹妹们感到自豪，不过有一段时间，他确实曾经嫉妒过。"

"L夫人，你家3个孩子会这样吗？"

"嗯，老大两岁的时候，弟弟出生了，然后他三岁半的时候，妹妹出生了。他是一个随和、快乐的孩子。他第一次看到弟弟时，表现出根本不在意的样子。我们尽力使他对这件事有所准备。但他好像就是不太理解发生了什么。"

"哦，我想是因为他当时还太小了。"

"他太小了，以至还无法理解这些发生的事情。他对弟弟的这种漠不关心持续了一两个星期的时间，然后这一天终于来了。他看到弟弟躺在婴儿车里，而那时的他因为已经长大了，已经有好多个月没坐过婴儿车了，于是他就伤心地哭了起来。"

"那个时候弟弟多大了？"

"哦，弟弟三四周龄吧，老大哭得很伤心，我想那就是嫉妒开始的时候。从那之后，每次给弟弟清洁或者换衣服时，老大不是尿裤子，就是立刻把自己弄得脏兮兮的，这种情况持续了很长的时间才有所改善。直到他又长大了一些，能理解了，在这方面才自己调整过来。"

"那他妹妹出生时，发生了什么呢？"

"他始终友好地对妹妹，总是充满了爱和情感，而且老二对妹妹也是如此，深深地爱着她。"

"他们就没有什么别的表现吗？"

"没有。但后来当老二会坐起来，并吸引更多人注意时，老大就变得有些争强好胜了。"

"你认为那是嫉妒的迹象，是吗？"

"哦，当然，是的。有一天，我发现老大正在试图捂住躺在婴儿车里弟弟的嘴，我想他当时一定是对弟弟怀恨在心吧。而我猜这是因为我过去时常忍不住地站在弟弟这边，为了维护弟弟而反击了老大。但是，我并不认为这是件好事，毕竟这样做完全不利于解决问题。"

温尼科特

这些问题在我看来，是每个家庭每天都会面对的家庭琐事。我想提醒大家留意孩子们的年龄，因为恰恰就是年龄造成了这种差异。那个在弟弟吃奶时轻抚弟弟头发的男孩儿，那个过了一段时间就试图把弟弟从婴儿车里拽出来摔在地上的哥哥，当弟弟出生时，他只有15个月大。还有一个两岁大的孩子，他第一次看见出生的弟弟时，显得漠不关心，根本不在意的样子。父母一直在告诉他将会发生什么事情，但或许他并不能理解。在他弟弟出生3周后，他终于"看见了"弟弟，看到弟弟坐在曾经属于他的婴儿车里时，他便伤心得痛哭流涕。他从妈妈那里获得了共情性的帮助，使自己克服了这个问题，从这件事中缓了过来。但随后，当弟弟会坐起来，并吸引更多人注意时，他就变得有些争强好胜和怀恨在心，而且，曾经有一次，他还试图捂住躺在婴儿车里弟弟的嘴。一直到他4岁左右，他对待弟弟的态度才有所好转。但不论是他还是他的弟弟，都没有嫉妒他们的小妹妹。

下面让我们来看看妈妈们关于这个话题的更多讨论内容。

妈妈们

"T夫人，你家7个孩子之间存在嫉妒吗？"

"嗯，我发现嫉妒只发生在女儿们之间。"

"你有几个女儿？"

"我只有两个女儿。你看——先是生了一个儿子，然后是大女儿，叫琼（Jean），然后又生了四个儿子，最后是二女儿。你知道，大女儿琼总是问我一个问题：'我们可以有一个小妹妹吗？'但是她之后四个都是男孩儿，每当她看到又生了一个男孩儿时，就会有一两天表现出垂头丧气的、烦躁的样子，但这些情绪很快就过去了。直到有一天她从学校回来，发现自己有了一个小妹妹，叫帕特里夏

（Patricia），一开始她非常兴奋，高兴极了。有点麻烦的是，我生小女儿的日子是10日，而琼的7岁生日在当月16日，所以我们没办法给她举办生日派对，我当时完全没有精力了。

"因此，后来大约持续了一个月，琼每晚放学回家喝完茶之后，就伤心地哭着直接上床了。我们拿她一点办法也没有，她根本听不进去，但我确实认为她自己会好起来的，你懂的——我想我也能让她慢慢缓过来的。但是，昨天妹妹生病了，躺在床上，我非常温和天真地对琼发出一个请求，我说：'琼，你能帮我给帕特里夏拿件睡衣吗？'琼转身对着我说：'不，我为什么要去拿睡衣呢？让她自己去拿吧，她现在已经不小了。'"

"她还是在嫉妒，是吗？"

"是的，看起来像是这样。不过，在帕特里夏大约6周大以后，家里一切就非常平和了。而现在，帕特里夏快两岁了，琼的类似情况又突然冒出来了。我只希望我们现在能够一起让她再次摆脱这种嫉妒。"

"琼一点儿也不嫉妒她的兄弟们吗？"

"是的，一点儿也不嫉妒。"

温尼科特

琼的小妹妹恰好在她7岁生日的前一周出生，当她不得不放弃自己的生日派对时，她因此变得极度嫉妒。第一次嫉妒持续了6周之后就逐渐消失了，然后当她9岁、小妹妹两岁的时候，一切又重演了，琼的嫉妒又开始出现了。家里一共7个孩子，琼并不在意之后陆续出现的其他4个弟弟，并且她确实一直想要一个妹妹。我猜想，孩子实际上拥有的妹妹，和渴望拥有的妹妹未必是一回事儿。

接下来，让我们再来看看另一个故事。

妈妈们

"G太太，你的孩子们呢？你发现他们之间会嫉妒吗？"

"会，我的孩子们会的。我的女儿现在四岁半，她快到3岁的时候，弟弟出生了，当时她因为有了个弟弟，有了个比她小的宝宝，感到非常兴奋。但我们发现，嫉妒几乎是从'离开'这个词中发现的，如果我抱起了弟弟，那么她就不得不离开，去找我丈夫然后坐在他膝盖上，或者相反，我丈夫抱着弟弟，她就来找我；当我喂弟弟奶时，她总是想让我同时给她读书，或者至少要坐在我身旁。"

"那奏效了吗？"

"是的，曾经是奏效的。直到她的小弟弟大概1岁吧，我想那时候弟弟可以到处走了，可以在游戏围栏里玩耍了，我女儿的嫉妒才逐渐消退、平息了下来。我们在玩具的问题上遇到了很多麻烦。我把她婴儿时期的玩具给弟弟玩，当然她完全认得那些玩具，就会嚷嚷着：'那是我的，那是我的！那是我的玩具！'而且她还会再次玩起那些婴儿时期的玩具。于是我发现，我不得不专门给弟弟多买一些婴儿玩具，否则家里就无法平静。"

"她真的是想玩那些婴儿玩具吗？"

"不，不，不是的。她不会去碰弟弟的玩具，但如果她看到弟弟在玩她的，即使是她已经有大概两年时间没有碰过的玩具，她都还是会把它们要回来。不过，这个阶段又慢慢过去了，也没有发生任何激烈的事件。现在，弟弟已经18个月大了，这种情况再次出现，这次是因为弟弟开始走路了，可以四处活动了，弟弟想要学姐姐，也要她的东西了。"

"姐弟为了争夺东西而产生了竞争？"

"是的，我感觉确实是这样。她现在会把她的东西安置好——我总是告诉她，'把你的东西放在桌子上，弟弟够不着的地方'，但她偏偏要把它们放在低一点的地方，然后她一转身，弟弟就会过来，并把姐姐的东西扔得到处都是。她对此非常生气——但她对弟弟也非常有耐心，真的。"

温尼科特

当这个小女孩儿快3岁的时候，她的弟弟出生了。她对弟弟的出生感到很兴奋，但当弟弟真的躺在妈妈的膝盖上时，她觉得自己的位置被弟弟取代了，于是她转而去找爸爸，爬到爸爸的膝盖上来获得心理上的平衡。当弟弟大概1岁，她大概4岁的时候，她开始怨恨弟弟玩她的玩具，即使是那些她已经很久不玩的玩具也不行。你们注意到一个现象了吗？姐姐把玩具放在弟弟够得到的地方。她妈妈说，她对弟弟很多时候都是很有耐心的。我有种感觉，姐姐其实很愿意让弟弟得到她的玩具，尽管她表达出反对的态度；她可能除了站在自己的角度，也同时站在弟弟的角度来考虑这个事情。现在你已经听了所有这些故事，你是否也像我一样认为，这些嫉妒的表现，其实是健康家庭生活的一部分呢？

* * *

我一直在问自己这样一个问题：嫉妒是如何开始，以及何时开始的？而且在"嫉妒"（jealousy）或"羡慕"（envy）这个词开始被使用以及变得有意义之前，会有些什么必然迹象？

我之所以提到"羡慕"这个词，是因为嫉妒和羡慕的意义是紧密相连的，因为一个嫉妒新婴儿的孩子同时也羡慕婴儿占据着妈妈的关注。我注意到，那些谈论自己婴儿宝宝的妈妈，并没有谈到任何15个月以下孩子的嫉妒。我想知道你们对此怎么看？我认为，嫉妒或羡慕被探查到的迹象，可能是要早于15个月龄的，但也不会早太多。比如，9个月大的婴儿还太小，还没有成熟到足以产生嫉妒。1岁的孩子可能不会或偶尔会表现出嫉妒来；但15个月大左右的孩子毫无疑问是可以表现出来的。

随着孩子们逐渐长大，嫉妒也变得更为复杂。但在一开始，嫉妒很显然和一段受到干扰的关系有关，或者明显地和代表一段关系中所拥有的东西受到威胁有关。嫉妒产生的基础是与妈妈的关系发生了某种变化，随着时间的推移，最终也会涉及与爸爸的关系。我们发现，许多早期的嫉妒显然是与妈妈相关的，它们通常围绕着喂养这个主题。嫉妒以喂养为中心，这是因为对婴儿来说，喂养在生命的起初是至为重要的一件事。而对妈妈来说，喂养只是她为宝宝做的众多事情中的一件，但也非常重要。

接下来，我们再来展现一些妈妈们之间的讨论片段。

妈妈们

"两个孩子间相差了22个月。我是在自己家生的老二，老二刚刚出生几分钟，我家大儿子就看到了弟弟，接下来好几天一切都挺好的，没出现什么问题。再后来，老大碰巧看到我在给弟弟喂奶，从那次以后的两个月里，每次我给弟弟喂奶，老大都会站在我身旁尖叫，而我对此毫无办法。我想尽一切办法安抚老大，想让他平静下来，尽我所能去安慰他。但是，当你正在给一个孩子喂奶时，这样做是非常困难的，他就站在旁边，不停地尖叫着。大约过了两个月之后，他似乎完全克服了嫉妒，似乎也完全忘记了他的嫉妒。然后，当老二在七八个月大的时候，开始能坐起来了，我们再一次看到了大儿子之前的表现，又遇到了同样的情况，这一次不是尖叫，而是直接表现出了嫉妒。"

"是的，会嫉妒的。我家孩子年纪要小一些，我觉得非常有趣的是，她不曾用过奶瓶——哦，可能偶尔用过——但她似乎已经忘记了如何吸吮奶瓶了。当我在给小宝宝喂奶的时候，她走过来，也想试一试，我对此很惊讶。我想，好啊，喝吧。但她又不喝了，她刚一靠近奶瓶，就有点厌恶它。我想，好吧，如果你想喝，就试试，我们看看会怎么样——然后她试着吸了好几次奶瓶——最近她老这样，就像在搞恶作剧一样。我一点也没有阻止她，我说：'来吧，试一试。'但她却说不想吸了。不过她现在又开始用奶瓶了，就像婴儿喜欢用奶瓶一样，你知道吗，我给了她一个很小的小瓶子，可怜得很，手里拿着一个很小的小玩意儿作为奶瓶的象征。"

"每当我给小女儿喂奶的时候，我的大女儿就会坐在我的腿上，而我是母乳喂养，所以你可以想象那个场景有多混乱，一团糟。（众笑）你知道吗，她很喜欢这样，用手轻轻地拍小宝宝的头，并温柔地抚摸着……那时她才17个月大，这种情境非常与众不同。"

"我们家老大和老二之间是有嫉妒的，老二和老三之间却没有嫉妒；老大，我的大女儿，当老二出生的时候，她总是想要坐在我丈夫腿上，她想要一些特殊的待遇，或者她想让我在喂老二奶的时候，给她读故事书，诸如此类，然后这个阶段后来就过去了，而现在她的弟弟已经17个月了。我们确实经历过这些可怕的争斗经历。不论其中一个孩子拥有什么，另一个孩子总是想要。女儿足足比他大3岁。有段时间姐姐可以从弟弟那里得到任何东西——可现在，弟弟会把得到的东西都牢牢地抓在手里，然后大声吼叫——不是哭泣，而是真正地对着姐姐猛烈地喊叫和抗议。但是，他们俩看得出来都非常喜欢最小的那个宝宝，而且他俩似乎都没有嫉妒最后出生的小宝宝。"

"当孩子们为了各自拥有的东西而争斗时，那确切来说不是嫉妒，对吧，那是……"

"那是因为他们想引起我的注意。"

"哦，我明白了。"

"你看，我准备给弟弟一个婴儿玩具——这是老大以前的，明明已经长大到不再需要玩它了——但就因为我把这个玩具给了弟弟，老大就会立刻想要讨回这个玩具；而如果我没有把它直接拿给弟弟，如果我只是把玩具放在桌子上，只要老大想要，她是可以去拿玩具的，那么她就完全不会注意到那个婴儿玩具了。"

温尼科特

在这一段的讨论中，大家可以看到许多嫉妒的现象都与喂养有关。我可以用前述对话的最后部分来说明我想讲的内容。我想起那个曾经公开表达对老二的嫉妒的小女孩，老二是个男孩儿，接着过一段时间后，这种嫉妒情绪逐渐褪淡。然后当弟弟长到17个月大的时候，她和弟弟又为了玩具吵得不可开交。但这一次姐姐嫉妒的方式不一样，并且弟弟也紧紧抓着玩具不放，并大声喊叫抗议。一位妈妈说："那不是嫉妒，是一种关于拥有物的争夺方式。" 我同意这个妈妈的看法，并且在这点上我们恰好可以看到嫉妒是如何发展的。我说过，嫉妒的产生是有相应年龄基础的。而现在，我认为，到了一定年龄后，孩子就会产生嫉妒之情，而在那个年龄之前，孩子的表现只是紧紧地抓住玩具或所有物不放。首先出现的是占有，而后才有嫉妒。

我在一家剧院看到过一条广告语："我们有你想要的最好的座位。"这句话总是让我产生强烈的嫉妒，几乎想要冲过去，以从他们那里获得我想要得到的座位。问题是我还得支付费用。借用这个广告作为例证，我认为，在某个特定年龄之前，小男孩或小女孩都会一直向世界宣称"我有最好的妈妈"之类的话。直到某天，一个标志性时刻到来，孩子开始宣称："我有最好的妈妈——而你想要她。"这是一种带着痛苦的新成长。

不过，为了弄清事件的发生顺序，我们必须追溯到更早一些。

可以这么说，在婴儿宣称"我有最好的妈妈"之前有一个早期阶段。在这个早期阶段，最好的妈妈这一事实是假设中的。孩子也没有登广告的地方，妈妈，以及任何能够代表妈妈的东西，对婴儿来说都是理所当然存在的。然后，才有了这样的感受——"我有最好的妈妈"，而且这标志着婴儿开始理解妈妈并不仅仅是婴儿自己自体的一部分了，妈妈来自婴儿的外部世界，而且她可能不会随叫随到，也可能有其他妈妈存在。对婴儿来说，妈妈现在变成了自己的一种私有物，而且是一种可以牢牢抓握住或者被丢弃的私有物。所有这些都需要等待小孩子逐渐成长发展，也就是我们所说的情绪发展。在这之后，广告语的第二部分出现了："而你想要她。"但这还不是嫉妒，这是一种捍卫私有物的防御和保护。在这个阶段，孩子只是把妈妈这个私有物抓得紧紧的，黏着她，保护好，不要她被别人抢走。就像如果剧院会抢妈妈的话，那我们就不能让妈妈去剧院了。最后，孩子终于认识到，最重要的私有物——妈妈——也可能是属于别人的。孩子成了需要和想要妈妈的人之一，而不再是占有妈妈的人，另一个拥有妈妈的人出现了。这时，嫉妒就成了一个恰当的，可以用来描述孩子内心某种变化的词语。比如出现另一个婴儿，像过去的自体的幽灵（或自己的鬼魂）一样，吃着妈妈的母乳，或者在曾经自己的婴儿车里安静地睡觉。

我要再次重复一下。我曾提到过，婴儿在早期阶段，那些令他自己向往又满意的东西会被他看作自体的一部分，这些东西好像是为了顺应婴儿的需要而创造出来的一样。对于婴儿来说，环境中来来往往的变化，各种人事物的出现和离开都是理所当然的。于是，他爱的事物或人，就成为自己外部世界的一部分，成为属于他所拥有或失去的私有物。任何可能导致丧失所有权的威胁，都会带来痛苦，这使得婴儿激烈地反应，并牢牢地抓住这些客体不放。随着时间的推移，婴儿进一步发展，婴儿变成了一个恐吓和威胁者，憎恨任何会吸引走妈妈注意力的新客体，比如另一个刚出生的婴儿，或者仅仅是一本妈妈正在读的书。如此这般，可以说这时候嫉妒已经产生了。孩子们嫉妒刚出生的婴儿或书，并且尽一切努力试图重新获得失去的地位，即使这种努力只持续一段时间，或只是以象征层面的方式来表达。所以，在第一次产生嫉妒的时候，我们通常会看到孩子们试图退行回婴儿的状态，哪怕只是暂时的或象征层面的。他们甚至可能想要重新体验一下被妈妈母乳喂养的感受。但是，通常他们只是渴望找回自己拥有的全部财产（妈妈），以及在占据独享私有物妈妈时所享有的待遇，而且当他独自拥有妈妈时，他们不知道别人有没有，但知道别人都想要。你们可能还记得上周节目中，妈妈们聊到的那个又开始出现尿裤子现象的孩子。你们也听到了有位妈妈给了大孩子一个小瓶子的对话；那位妈妈说，那个小瓶子是奶瓶的象征。

随着时间一天天、一周周逝去，当你想到在小孩子们身上会发生的所有事情时，会很容易就明白为什么需要一个稳定可靠的环境，而这正是你比其他任何人都更适合给予孩子的东西。大家可能经常会感到疑惑，想知道做有些事情到底是对的还是错的，但是，更值得我们做的是从孩子成长和发展的角度去看事情。

* * *

我们从之前妈妈们讨论的故事中可以看出，嫉妒会自然地消退，而我想检验嫉妒消失的发生过程。一切取决于孩子成长过程的发展变化。我想，大家都感到好奇，想知道孩子身上到底发生了些什么。当发展出现问题——这种状况肯定是经常发生的——盲目蛮干只会使你自己处于不利的地位。一旦父母清楚地理解发生了什么，就不会对别人的随意指责和路人的偶然评论那么敏感了。

我想谈谈发生在孩子身上的，使得嫉妒消退的三个途径。

先说第一个途径。嫉妒是当孩子处于激烈冲突状态下的表现。外在的表现可能只是焦虑，只有孩子自己知道是怎么一回事。处于嫉妒中的孩子实际上正在同时体验着爱与恨两种情感，而这种感觉很糟糕，让他们感觉很害怕。让我们设身处地想象一下。也许一开始，家里那个大一点的孩子看到刚出生的婴儿被照顾或喂奶的画面，也是感觉相当愉悦的。然而，孩子渐渐意识到，那个新生儿并不是他自己，而是另一个人，而妈妈对那个刚出生的婴儿的爱让孩子产生了极端的愤怒，对新生儿的愤怒，对妈妈的愤怒，或者对任何事物的愤怒。在一段时间内，孩子只知道自己生气了，感到很愤怒。有一些愤怒被表达了出来，比如大声尖叫、拳打脚踢、把一切弄得乱七八糟，或者在想象中把一切都毁灭掉、破坏掉。然而让孩子得以继续发展的是，他发现这个世界在他的破坏面前，竟然幸存了下来，婴儿也幸存了下来，妈妈也幸存了下来。新的发展就是孩子对这种幸存的认识。然后，孩子开始以现实为依据来区分自己的幻想世界。在孩子的想象中，幻想的世界被愤怒摧毁了，就像被一颗原子弹炸毁了一样。但是，真实的世界幸存了下来，而妈妈对待自己的态度并没有发生改变，还是和原来一样。

因此孩子意识到，在想象中破坏、摧毁或者去憎恨，是安全的。有了这一新认知的帮助，孩子凭借适当的、小打小闹的尖叫、拳打脚踢，就能够获得发泄情绪的满足。

在接下来的几周内，随着孩子感受到的持续存在的爱，同时这种爱也因为伴着毁灭的想法而变得更加复杂，嫉妒渐渐消散。我们观察的结果是，看到了一个时不时感到悲伤难过的孩子。悲伤难过的原因是，发现自己有所爱的事和人，但也同时想到这份爱会带来伤害。

具有摧毁性元素的梦能让孩子在嫉妒这个情绪中得到更大程度上的宽慰。在梦中，受伤的东西，或许是一只猫、一只狗或一把椅子，而这些东西可能是家里的新生儿或妈妈的象征。伴随着孩子的伤心而来的，是某种程度上对新生儿的关心，或者是对任何其他被嫉妒的客体的关心。但妈妈们明白，她们不能一开始就信赖孩子的这种关心，因为在一段时间内，这种关心很容易就转变为出于嫉妒的攻击，如果周围没有大人留意着，那么大一点的孩子就可能会给小婴儿带来伤害。

这里我的观点是，孩子的想象世界开始运作，将孩子从直接付诸行动的需求中解脱出来，这同时也给了孩子发展出责任感的机会。因此我认为让嫉妒消退的第二个途径是，孩子通过不断增长的能力来汲取成长过程中的美好体验，并把这些体验变成自体的一部分。这些体验是在孩子成长过程中积累下来的，一些被用心照顾、良好感受的回忆；关于沐浴的、大声喊叫的或者欢乐微笑的回忆；期待得到满足，甚至超乎意料的美好回忆。再就是最基本的欲望满足，尤其是吃饱喝足令人兴奋的狂欢之后。

所有这些体验和美好回忆在想象中累积叠加在一起，形成了一个被统称为"母亲"或者"父母"的理想化客体概念。这就是嫉妒通常不会出现在那些大一点的孩子身上的原因，因为随着孩子的长大，他已经积累了足够多，多到能分享出来一些。

让嫉妒消退的第三种途径要复杂得多。这需要孩子有能力体验其他人的感受，我们称之为"换位思考"的能力。但是，当这个"其他人"是一个正在吃母乳，或正在接受洗澡、正躺在小床里睡觉的婴儿时，这一说法就似乎有点滑稽。然而，小孩子真的能做到这点吗？有些孩子确实要花很长时间，甚至好几年的时间，才能够让自己不但能领会他人的意图，还能够真正欣赏其他人与自己不同的生活方式。大家很容易看到孩子们——无论男孩儿还是女孩儿——与自己妈妈认同的现象。当他们扮演妈妈的角色玩耍时，十分投入地想象自己处于妈妈的位置上，他们使妈妈成了实际生活里真正的母亲。以下是与此相关的一些讨论。

妈妈们

"G太太，您家新出生的宝宝情况怎么样？"

"嗯，他们都没有——家里大一点的孩子们都没有——对新出生的宝宝表现出任何嫉妒，但是，他俩彼此间表现出了嫉妒。嫉妒对方触摸，或者爱抚，或者抱宝宝。"

"有一点竞争的意思？"

"是的，他俩之间的竞争。比如说当我坐下来把宝宝放在腿上时，女儿会过来和宝宝说话。那么马上，另一个18个月大的孩子就会冲过来，在她都还没来得及看到宝宝之前，努力用自己的肘部试图把女儿推开。从那时起，一场关于谁将拥有这个宝宝的拔河比赛就开始了。"

"那你会怎么做？"

"嗯，在那种情况下，我一只手搂住并护着宝宝，然后看到他们都挪开一些，以便给宝宝匀出呼吸的空间。"

"这种情况经常发生吗？"

"我想是的……他们开始相互拉扯着宝宝，说'轮到我抱宝宝了'，或者'轮到她了'。但因为宝宝太小了，还不能给他俩抱着，只能放在我腿上。最后我就让两个大点的孩子都坐下来，我把宝宝递给其中一个，但我也没完全撒手，然后数到十说：'好了，现在该换人抱了。'这是个好主意，但并不能真正起作用。"

温尼科特

下面这个例子里，一个小女孩似乎认同了她年幼的小婴儿弟弟。

妈妈们

"……直到她的小弟弟大概1岁吧,我想那时候弟弟可以到处走了,可以在游戏围栏里玩耍了,我女儿的嫉妒才逐渐消退、平息了下来。我们在玩具问题上遇到了很多麻烦。我把她婴儿时期的玩具给弟弟玩,当然她完全认得那些玩具,就会嚷嚷着:'那是我的,那是我的!那是我的玩具!'而且她还会再次玩起那些婴儿时期的玩具。于是我发现,我不得不专门给弟弟多买一些婴儿玩具,否则家里就无法平静。"

"她真的是想玩那些婴儿玩具吗?"

"不,不,不是的。她不会去碰弟弟的玩具,但如果她看到弟弟在玩她的,即使是她已经有大概两年时间没有碰过的玩具,她都还是会把它们要回来。不过,这个阶段又慢慢过去了,也没有发生任何激烈的事件。现在,弟弟已经18个月大了,这种情况再次出现,这次是因为弟弟开始走路了,可以四处活动了,弟弟想要学姐姐,也要她的东西了。"

"姐弟为了争夺东西而产生了竞争?"

"是的,我感觉确实是这样。她现在会把她的东西安置好——我总是告诉她,'把你的东西放在桌子上,弟弟够不着的地方',但她偏偏要把它们放在低一点的地方,然后她一转身,弟弟就会过来,并把姐姐的东西扔得到处都是。她对此非常生气——但她对弟弟也非常有耐心,真的。"

温尼科特

我们在第一期讨论嫉妒的节目中使用过这个例子,那时候我说:"我感觉,姐姐其实愿意让弟弟得到她的玩具,尽管她表现出反对的态度。"我还说:"姐姐可能除了站在自己的角度,也同时站在弟弟的角度来考虑这个事情。"如果女孩儿确实能做到换成别人的角度来感受生活,同时不失去切实的自体体验的感受的话,这种富有想象力的生活会给她带来极大的收获。

这也是儿童开始进行游戏的一种方式,在想象力的游戏中,让自己认同其他人和事的过程,是没有什么限制的。在想象力的游戏里,孩子可以是一台吸尘器,或者一匹马;可以是女王,也可以是王子;或者是家里的新生儿,又或者是正在给宝宝喂奶的妈妈,也有可能是爸爸。我们无法迫使孩子产生游戏的能力,但是通过保护、容忍和等待,以及许许多多不假思索就为孩子做的事情,可以帮助并促进孩子发展出游戏的能力。关于这一主题,能讨论的内容还有很多,但目前的讨论足以表明,嫉妒之所以消失,是因为孩子受到始终如一的精心照顾所带来的个人成长与发展。

* * *

我曾说过,嫉妒在小孩子身上是一种健康、正常的情感,这意味着他们已经具备了爱的能力,也意味着他们在远离起初那种完全不成熟的成长旅程中,已经取得了相当大的进展。我也谈到了每个孩子的发展,使得嫉妒不会固着成性格特征。我一直强调说,如果没有父母提供的重要条件,婴儿的这些发展就无法令人满意地发生,这个重要的条件是指孩子能在父母提供的生活关系中找到自己存在的可靠感,这种可靠感取决于父母能否以真实的状态存在。

作为父母,除了提供这些常规条件之外,你们还做了一些特殊的事情带来了不同的影响。比如,你们帮助你们的孩子预测将要发生的事情。当你知道婴儿的生活中一定会发生一个重大变化时,你会设法给出一些警告的信号。如果你添加了一种新的食物,给宝宝带来了一种新的味道,你会以适当的方式介绍给婴儿,并顺其自然不去干涉,那么他可能很快就会接受你准备的新玩意儿。同样，当你再次怀孕，将有一个新的婴儿到来时，你也会以同样的方式试着传递出一种预告信号。你可能会想，如果能使用语言来完成传达信号，能进行说明解释，那么和孩子沟通会变得更容易一些。但我想事情可能没有那么简单。当然，如果孩子已经能够理解语言了，你可以用语言和故事来解释，也可以借助绘本进行。然而，如果这时还不能用言语来解释的话，那就有意思了。我认为，真正产生重要影响的是你的态度，你的态度远在能够使用语言和孩子沟通之前，就已经产生影响了。比如，如果你觉得孕育生命是一件愉快而自然的事情，那么你会逐渐让大孩子理解，为什么现在坐在你的腿上和以前的感觉不太一样了。然后你的孩子们会开始感受到，你肚子里有很重要的东西。

可是，很多人并不能那么轻易接受自己再次怀孕这一事实，也很难接受怀孕带来的变化，如果你碰巧这样（这样的人很多），那么你可能对此闭口不谈，对于家里的孩子而言，他们只觉得有些难以理解的神秘事情发生了，并不知道他们的生活将因为新婴儿而发生巨大改变，当婴儿真实出生的时候，家里已有的孩子将无法提前做任何准备。如果受到影响的孩子年纪稍微大一点的话，情况会好一些，会更容易接受一些。让我们来听听下面这段谈话。

妈妈们

"我怀上罗杰的时候非常担心。你瞧，我已经有两个女儿了，一个14岁，一个13岁，我想趁自己还能生的时候再生一个孩子，不过我对该怎么办很困惑，于是我和两个女儿商量了下，问她们是否能接受我想再要一个孩子的想法。在你还没怀上宝宝之前，就先与其他孩子讨论这个话题，其实感觉有点奇怪，不是吗，但我认为这不是一个坏主意。

"然而两个女儿听我说了之后非常激动，觉得这是件很美好的事情，她们很乐意家里能再有一个新宝宝。而且我们一致认为，最好能生一个男孩儿。我的小女儿苏珊，当时她正好13岁——结果罗杰早产了，是我自己告诉助产士已经开始分娩了——请她告诉苏珊，如果她愿意，可以进来看看妈妈生孩子。那时她还没有去上学，然后她蹦蹦跳跳地进来了，我当时正处在宫缩的阵痛中，你懂的。我做一个深呼吸，想着我如果表现不当就可能毁了我女儿的一生，于是说：'嗷，这是一种分娩的阵痛，就是你平日里总是唠叨的那种疼痛。'然后她用手在我背上充满爱意地拍了拍，说道：'嗯，我想你还得这样好几个小时呢。那我们就放学后见吧。'然后她就上学去了。

"而现在她就要生自己的宝宝了，预产期是下个月，我想她那时会十分享受当一个妈妈的经历。我认为，她早就做好了当妈妈的充分准备。"

温尼科特

刚刚提到的那个小女孩13岁，当然她的妈妈也使用言语和她解释说明了要再生一个孩子，但我认为真正起作用的是妈妈的态度，这才是最重要的。那如果是年纪更小一些的孩子又该如何对待呢？一两岁的孩子甚至还不能理解为什么今年2月有29天，但是，对于这些一两岁的孩子来说，他们极有可能感觉自己像是婴儿的妈妈。我说的是孩子的感觉，而不是孩子的理智思维。大多数1岁多的孩子都有一些对他们来说很特别的客体，而他们有时会用一些粗暴的方式对待和照顾这些客体，然后很快地，他们就会跟妈妈和小宝宝玩起游戏。

我说过你们可以帮助孩子预测将要发生什么。你们还可以做一些其他的事情，比如，你尽可能做到公平，这非常困难，你们只能去尝试，注意最好不要偏爱某一个孩子，当然，除了刚出生的婴儿，因为他需要感觉到他拥有全部的你。你和孩子的父亲以各种各样的方式共同担起责任。当孩子因妈妈对新生儿全身心投入而感到不满时，他们会自然而然地转向父亲。绝大多数父亲都愿意成为一个对孩子有帮助的人，他们对花太多时间外出工作很反感，因为他们不喜欢在养育孩子这件事上参与度太低，不愿意成为对家庭没有实际作用的人。

还有，你们不能够把家里其他孩子珍视的东西送给新出生的婴儿，但是你可以让每个孩子都开始重新收集整理专属于他自己的东西并赋予其特殊的意义。这样一来，孩子就可以依靠你们而让自身发生巨大的成长与变化，而你们也确实可以做很多事情来应对特殊的压力时刻或应激事件。

我想，你们也有体会，这其中蕴含着大量充沛的情感，事实上，小孩子对事物的感受并不比我们少。我甚至怀疑他们感受到的可能比成年人更多。成年人会把重新发现自己在童年早期的某种强烈体验的经历当作一件幸运的事。而小孩子不仅对事物有最强烈的感觉，还无法把注意力从烦扰他们的事物上转移开。他们还没有足够的能力和方法来处理或避免那些极其痛苦的感受，这正是他们会大喊大叫的原因；这就是为什么当你帮助你的孩子预测到那些即将发生的、不寻常的事情时，会带来如此大的影响。

在等待一个预测事件发生的过程中，孩子的人格内部会建立起一些防御。这有点像你看到的游戏桌上的情境，孩子正在扮演士兵，并部署军队保卫或攻击一个堡垒。我认为孩子的感受是非常强烈的，而各种焦虑和冲突对他们来说如此地痛苦，因此他们不得不在自己的人格内部组织起各种防御。这让我想在这次的讨论中聊聊关于嫉妒的最后一点，与异于常态的嫉妒有关。孩子的发展过程中出现问题是常有的事，有时是嫉妒没有停止，继续发展成为公开的嫉妒；有时是嫉妒在暗中作祟。可以这样说，异常的嫉妒会扭曲孩子的人格。

在抚养孩子的过程中，追求完美是没有意义的。很多的问题假以时日是可以自行修复的；或者可以弥补得很好，于是问题不再表现出来。但是，有些问题是无法修复的。我曾提到并重复了好多次，嫉妒是一种正常和健康的现象时，指的是孩子们的嫉妒。在人格的成长和发展中，每个男孩儿或女孩儿最终都会发展出一种容忍嫉妒的能力以及耐受它，并将嫉妒作为积极行动的激励动力。如果你的朋友拥有比你更好的东西，你能容忍而且可以十分轻松平和地对待，也许你以后就能赶上他，会得到一样好的东西；也许你会为得到了与之媲美的别的东西而高兴。当你仔细权衡掂量世事，我相信你也有很多东西是令别人嫉羡的。这是生活的一部分，也是人与人相处的一部分。

一个人长大后就有能力轻松地处理这些事情了，可在刚开始时这种能力是缺乏的，你需要等待良机去开展有效的行动。但是，我们必须承认，也有一些人存在着明显扭曲的人格。你可能想起身边就有一个善妒的邻居或类似的人。他们往往在不自知的情况下，情不自禁地挑拨周围人，使大家做出嫉妒的行为。这些人自己是不快乐的，也会让和他们一起生活的人感到不舒服，而且我不认为这种嫉妒是健康的。

在讨论中，有位妈妈非常坦诚地谈论了她自己的情况，以及她对弟弟的嫉妒之情是如何持续至今的。

妈妈们

"嗯，我曾经是独生女……我3岁时，母亲给我生了一个小弟弟。我不认为这很有趣。我上小学时，还是很嫉妒他，经常咬他……他从来不知道我嫉妒他，也不介意，而我从来也不承认我嫉妒他……即使是现在——我已经29岁了，我的弟弟26岁了——妈妈有时会说：'嗯，事情是这样的。我刚给威廉买了什么什么。'而我会说：'哦，是吗？'你明白我的意思吗？有种'我一点儿也不在乎'的感觉。然后妈妈说：'好吧，好吧，我该给你买点什么呢？'接着她会清清楚楚地告诉我，她为威廉花了多少钱，并确保也给我花同样多的钱。她给他买了一枚图章戒指……我知道这么做很蠢，有点尖酸。我都已经结婚了，而他还没有结婚，他想要一个戒指。但是如果妈妈真的给他买了一个图章戒指，我马上就会感到不公平，并对她说：'难道他自己买不起戒指吗？'于是一周后，我就得到了一枚诞生石戒指。"

温尼科特

我们可以肯定，对于那些确实善妒的人而言，在他们的童年早期嫉妒发展阶段，曾经存在过正当嫉妒的缘由。不幸的是，他们没有明确的机会，没有在合适和可控的时候，去表达愤怒、嫉妒和释放攻击性。对于嫉妒正常发展的孩子来说，嫉妒阶段的这些表达都被视为合情合理且可控制的。如果他们有这样的机会，他们可能会顺利度过嫉妒期，走出嫉妒，像大多数孩子一样发展出健康的嫉妒能力。反之，嫉妒则会深入他们的性格内部，而真正产生嫉妒的缘由却迷失了，所以现在导致嫉妒的错误缘由不断出现，一直坚持到成年，并声称嫉妒在当下是无可非议的。

要防止出现这种性格扭曲，就要在孩子的童年早期给予适当的关爱与照顾，使他们得以在适当的发展阶段去充分体验嫉妒、表达嫉妒。我认为，健康的嫉妒会转变成良性的竞争欲和雄心壮志。

【1960】

第六章

父母的厌烦

温尼科特

有一些人会震撼于发现自己对孩子有着除了爱之外的其他情感。如果你听到接下来的这番对话，你会发现这些妈妈恰好是那些对爱的情感相当确定的人。她们认为对孩子的爱是理所当然的，而且她们也不羞于谈论家庭生活的阴暗面。这些妈妈被明确地要求谈论她们感到厌烦的东西，而她们在接受这一主题的谈话节目邀请时，并没有表现出为难。

让我们来听听这番对话吧。

妈妈们

"今天下午邀请你们来，是想请你们讲讲身为母亲所感到烦心的事情。首先第一个问题，W太太，请问你有几个孩子呢？"

"我有7个孩子，年龄从3岁到20岁不等。"

"那你有没有觉得做妈妈是一件很烦人的工作？"

"嗯，是的，我同意你的说法。坦诚来说，我认为总的来说确实很烦。我认为操持一个家真正麻烦的是那些令人厌烦的鸡毛蒜皮的小事，比如房间被弄得凌乱不堪，要经常整理收拾。还总是要追着孩子跑来跑去，想办法把他们弄上床，让他们睡觉——类似这些琐事都令人感到厌烦。"

"A太太，你呢？"

"我只有两个孩子，一个正在蹒跚学步，另一个还是个婴儿，当然正是那个还在蹒跚学步的小屁孩惹我烦，和W太太所说差不多，惹恼我的都是一些小事，然后缺乏时间来更好地照顾孩子，也缺乏时间与孩子一起玩耍——我似乎总是匆匆忙忙的。当我们就要准备好出门时，只有眨眼工夫，我那年幼的儿子总是想跑去做别的令人担心的事情。"

"S太太，那你呢？"

"我有两个女儿，一个3岁，一个刚1岁，我想我同意刚才两位妈妈说的——"时间"确实是个大问题，永远也不会有足够的时间去做我想做的事。"

"你的意思是，除了照看孩子，你还有别的事——一些你自己喜欢的事想做而不能做，是吗？"

"嗯，是的，我想是的。我确实很愿意照顾小孩子们，总的来说，我觉得照顾孩子是一件很有价值，但却又非常忙碌的事情。特别是当我疲劳的时候，这件事做起来确实特别困难。我有时确实会感到很累，很疲倦。虽然我尽量避免不要让自己太辛苦了，但这太不容易啊……"

"你认为是什么导致了妈妈们的疲劳？是因为在有限的时间里要做太多的工作，还是因为照顾孩子本身就需要与各种状况战斗？"

"我认为是在有限的时间里需要做的事情太多了。比方说，晚上6点到孩子就寝的时间，你要先给孩子弄喝的茶，然后要去洗刷茶具，还要喂另一个孩子吃饭，还得给丈夫准备好晚饭——而所有这些事情都需要在一个小时内完成。"（众笑）

温尼科特

这番对话是我们进行讨论的一个好的开始。你家里有两三个孩子的话，是不可能整洁有条理的，同理，头脑思路也无法一直保持清晰。带孩子的生活总是匆匆忙忙的，你必须时刻留意着时间和诸如此类的各种琐事。而孩子们——至少是年龄较小的孩子们——还没有成长到一定的年龄，他们的言谈举止还不能遵从和顺应成年人的要求。在小孩子们看来，世界是为他们而存在的，他们的各种行为也基于这个假设。然后还有妈妈们感到疲累这个很重要的问题。当一个人感到疲累时，即使是平时感觉有趣的事情，此刻也会变得令人厌烦。而且，如果还没有足够的睡眠的话，你就得和困劲儿做斗争，这就导致你无法享受孩子们正在做的所有有趣的事情，而正是那些事情恰恰反映着他们每天的成长变化。

你们可能注意到了，这次我讨论的主题聚焦在了妈妈们的感受上，而不是她们如何照顾孩子。人们其实很容易理想化母亲的工作。我们很清楚，每一份工作都有让人感到挫败、沮丧的地方，都有无聊的、令人厌倦的例行公事的地方，以及触碰到每个人的承受极限。那么，为什么不能也这样去理解照顾婴儿和孩子们的工作呢？我想这些妈妈在几年后不会确切记得自己当下的感受，而当她们达到了老祖母的平静心境时，她们播放回听这段录音，会非常有兴趣回忆并玩味那些年轻时养育孩子的甘苦记忆。

妈妈们

"……所有这些事都要在1个小时内完成。"

"每晚从5点半到7点半，我们家里都一片混乱，忙乱得跟打仗一样……那个时候我们真的不知道该如何是好，是否该一走了之。有些事情本该在特定时间发生，但意外从来不按规矩出牌。比如，有人打翻了牛奶，或者发生了一些糟糕的事情，甚至是猫跳到了孩子的床上，然后孩子们因为猫在或不在床上而无法入睡，然后孩子们跑下床6趟，来看我在做什么，简直整个儿都乱套了。"（妈妈们都笑了起来）

温尼科特

我喜欢提到关于猫的那一段——不管猫在还是不在床上，都是事儿！可见这和你做对了还是做错了都没关系。看起来出问题的是做事情的方式，好像如果反过来做就会是对的，但显然并非如此。或者你们并没有在意那些进展得很顺利的事情，只注意到了那些出现差错的事情，哪怕是出了丁点儿差错都会变成一个可怕的问题，引来孩子们的尖叫和叫喊。

在接下来的谈话中，一位妈妈提到了一些非常普遍的事情，她觉得自己的专业技能越来越生疏，还有一些她很感兴趣的学习机会几乎要无限期地推迟。

妈妈们

"你有没有发现孩子们会妨碍你，让你没法去做你想为自己做的事情？比如写本小说或者烤一个特别的蛋糕，或者任何对你来说特别的事情。"

"没错。我对社会工作之类的事情很感兴趣。我很愿意分担任务，或想做我能做的事情，或者即使没有时间实践也试着参与其中，而当我不得不待在家里带孩子，没法去做这些事情时，我感到非常的沮丧。"

"是的，去年我上了一个缝纫课，我非常喜欢那个课程，但我有了第二个孩子，我的时间安排不过来了，没法准时去上课，我原以为到快8点的时候就能把事情忙完，我心想：'哦，天哪，我真的没法放下家里的事情出去。'"

"你有什么想做的事情吗？"

"当然有啦，我非常喜欢缝纫，但当你要操持孩子们的时候，缝纫就成了件很烦人的工作（妈妈们笑了）……我真的很喜欢缝纫，我会以惊人的程度沉浸其中，全神贯注任时间流逝而不知，而且我时间观念也不太好，我害怕家里出乱子。我非常容易沉浸于一件事儿就忘了时间。"

"我发现一件令我非常厌烦的事情是，无论我早上正在做什么事情，时间一到，我就不得不停下来，去准备一顿午饭。我本可以用煮鸡蛋之类的东西来应付下午餐，但……我还有丈夫，所以我必须……"（大家讨论了起来）

温尼科特

在这些谈话中，丈夫们连同孩子们一起成了阻碍者，让妻子——孩子的妈妈——试图保留她自己一项个人兴趣爱好所做的一切努力付诸东流。维护一项个人兴趣爱好需要专注。正是出于这种情况，妻子很容易发现自己想当男人的愿望。她也希望有一份美好且体面、充满秩序的工作，有着明确的办公时间，或者有着工会的规章制度来保护她，远离那些做妻子需要面对的令人厌烦的事情的伤害。我认为在这个阶段，妻子还不可能理解为什么有些男人会嫉妒女人，嫉妒她们可以待在家里不用上班。妈妈们在被杂乱的家务事，被婴儿和大点的孩子们弄得乱七八糟的生活中体验到了混乱难堪。我们再次回到了混乱和不整洁的话题讨论上。

妈妈们

"我觉得不整洁是个非常可怕的问题，因为我在请了家政来帮忙的情况下，也需要25分钟才能把房子里都打扫干净。你却还以为我两三年没打扫过房子了，因为屋子里全是孩子们必须有的玩具，还有他们剪碎的小纸片。我不应该对此有所抱怨——这个阶段的孩子们都会那么做，我不应该表现得大惊小怪，但这些东西收拾起来很费时间，就很令人沮丧。我只是发一发牢骚，但发完牢骚，还是会任他们那么做。"

"是啊，我发现我孩子小的时候，大概4岁，快要去上学的年纪，在上第一所学校期间，他们总想跟着我，和我待在一块儿。我去哪儿，他们去哪儿。如果我在厨房做饭，那就意味着他们也要在厨房里待着，而如果我在楼上做事情，那么他们也在楼上。他们不愿意离我太远，总是要跟着我。有时我觉得这样真的挺烦人的。"

温尼科特

那么，任由家里有些地方乱七八糟怎么样呢？

妈妈们

"你们觉得，让孩子们在家里随意玩耍更容易，还是把他们限制在他们自己的房间里更容易？"

"不可能限制，我安排了一个专门的房间，我希望并祈祷他们不要把其他房间弄得一团糟。可他们还是总把家里每个房间都弄得乱糟糟的——他们确实是哪哪儿都去。"

"你认为有可能限制他们在一个地方玩耍吗？"

"嗯，我不知道我是否算幸运，不过克里斯托弗（Christopher）似乎意识到了他应该在儿童房里玩。"

"他多大？"

"两岁两个月。"

"他在儿童房能看到你吗？"

"不，不，儿童房离厨房很远，但我家是一套公寓，厨房和儿童房都在同一层，所以他可以过来找我——有时他也会来厨房玩。当然，很多人认为这样做是错误的。我一开始没想到要弄一个安全屏障，后来想起弄一个时也晚了。家里客厅和餐厅的门把手都是老式的，他的手很小，还不能完全握得住那个门把手，所以到目前为止，客厅和餐厅都一直保持着整洁。"

温尼科特

别无他法，我们不得不接受这个现实，要照顾好两三个小孩的妈妈常生活在困境中，生活环境往往一团乱。这个时期她们不知道该如何是好。也许随着孩子们日渐长大，生活又会重归平静，但或许也可能不会。

妈妈们

"我们每晚都为狗狗的晚餐问题展开一场激烈的争斗——今晚到底谁喂狗狗？你瞧，给狗喂食都是有值班表的，但孩子们总能找到一些原因，使得轮到的人没有去给狗喂食。（众人大笑）你看看，家里的狗狗们挨个排好，然后经过一番烦人的争吵，最后它们才吃上了晚饭，这一通弄下来得搞足足25分钟——我突然对在大家庭里发生着的各种争吵感到很厌烦。不仅是关于狗狗的晚餐，当你坐下来正准备吃饭的时候，突然有一人说了些什么，在你想搞清楚状况之前，鉴于关乎规则问题，你懂的——每个孩子都在大声嚷嚷，试图把别人的声音压下去，简直声声入耳、魔音绕梁——我们会对诸如此类的各种事情都产生激烈又烦人的争吵。"

温尼科特

所有这些例子都说明了，不论孩子本身多么受人喜爱，但照顾孩子的过程有太多令人感到厌烦的地方了。问题在于妈妈的清净和隐私受到了侵扰。当然对每个母亲来说，内心某些领域是神圣不可侵犯的，即使是她自己的孩子也不能吧？她会捍卫自己，还是会投降呢？糟糕的是，如果妈妈在某个地方藏了什么东西，那将正是小孩子最想要知道的。如果被藏起来的是一个秘密，那么孩子就会把这个秘密揭开，翻个底儿朝天。比如妈妈的手提包，就经常经历这套流程。下周我将讨论妈妈们的紧张焦虑这个主题。

＊　＊　＊

上周，妈妈们讨论了一些令她们感到厌烦的事情之后，我产生了一个念头，想特别强调一下：妈妈们清净的生活是如何被侵扰的，以及隐私又是如何被彻底揭开的？我想顺着这个想法继续往下挖掘，因为我认为这与父母，尤其是妈妈感到厌烦有很大的关系。

你会留意到，这些妈妈都乐于进入婚姻和生育孩子，而且她们也都很爱自己的孩子，这一点上她们都相同。但当她们被明确要求说出带孩子的过程中令她们感到厌烦的事情时，她们又回答得十分带劲儿。

总有些人的经历和体验是不一样的。在极端的情况下，有些妈妈经历了更糟糕的时期，被弄得心烦意乱，感到混乱不堪，她们不得不寻求帮助。在混乱的情况中，妈妈变得暴躁易怒，或者在某种程度上，她无法继续做她想做的自己，以自己喜欢的舒适的方式行事。在另一个极端的情况下，有些妈妈并不会有混乱，也不会感到被侵扰，她们还能使客厅保持整洁，在大多数时间里，家庭氛围都很平静，妈妈能用某种方式让孩子遵循一套规则行事。这种情况下，妈妈及她们本质上严格的、僵化的是非对错系统占据了主导地位，把控着局面。然而，婴儿和孩子不论是否做好了准备，都必须去适应这样的环境。当然，关于平静和秩序的养育方式有很多可聊的东西，但我们要明白的是，一切的前提不能太过于妨碍孩子自发性的发育和发展。

我们有必要一直记住，有各种各样的父母和各种各样的孩子。

我们要在这个基础上，去讨论变化性，各种差异。当然，并不是评判一种类型的父母或孩子是好的，而另一种类型的就不是。但难道你不觉得，无论是哪种极端情况，通常都是某些地方出了什么岔子的迹象吗？

父母们常常会说，在维多利亚时代，这些事情都很容易解决。那时孩子们通常会被送到托儿所，无论照顾的人做什么或不做什么，都不会有人考虑他们的一举一动是在促进还是在破坏孩子的心理健康。但是，即使在维多利亚时代，绝大多数人也是在家里自己带孩子，孩子会在父母脚边打转，在地板上四处爬，制造着刺耳的噪声，把家搞得一塌糊涂，而且还没有穿着硬浆围裙的保姆来帮助。每个时代都有自己的习俗，但是我认为有些东西一直是不变的，那就是小孩子能毫无障碍地进入妈妈保守秘密的私人空间是很可怕的。难就难在：一个妈妈能否成功地守护自己，保守住她的秘密，同时又不剥夺孩子基本需求的元素——感到妈妈是可以触及、可亲近的。一开始，孩子处于全然占有着妈妈的状态，然而，在"占有"和"独立"之间，要有一个双方可触及的中间地带。

旁观者可以很容易留意到，妈妈只在有限的时间内为她的孩子全数敞开，不设防。她曾有过自己的秘密，而且以后还会有，一旦有了秘密，她将再次设防。她只能心存侥幸，期望在一段时间内她能免于被孩子无尽的要求所不断困扰。

对于内心总想保持平静的妈妈来说，她既没有过去，也没有未来。对她来说，只有当下的经验，没有未经探索的区域，没有北极也没有南极，只有一些勇敢无畏的探险家发现的某个未知地带，并让其热度升起来；没有珠穆朗玛峰，只有攀登者到达了顶峰并占领了它。妈妈如海洋的海底一般深不可测，充满神秘，如同月球的背面。但即使如此，也会有人登陆并设法把月球的背面拍摄下来，让它从神秘事物沦为被科学证明的事实，使其不再是那样神圣不可侵犯的。

什么样的人才能被称为妈妈呢？没有别人，只能是孩子们真正的妈妈！还有一些特殊的人群——那些配合父亲一起进行养育工作，照顾着孩子们的保姆。

你可能会问，把当妈妈而感到的厌烦之处用语言表达出来有什么用处呢？我认为，当妈妈们能够说出她们正在经历的痛苦时，她们就得到了帮助。如果妈妈把一些恨意压抑着不表达，那么这些被压抑的怨恨会隐藏在爱里，破坏对孩子的爱。我想这就是我们会咒骂的原因所在。在适当的时候，言语表达能把所有的怨恨汇集起来，并公之于众，宣泄出去，之后我们就会平息安定下来，专心地处理我们该做的事情。

事实上，在实践中我发现，让妈妈们逐渐触及她们痛苦的怨恨是非常有帮助的。顺便说一句，其实绝大多数妈妈是不需要帮助的，但为了帮助那些需要帮助的人，我曾经写过一个清单，列出了妈妈会恨自己的孩子的十几条主要原因。[①]从清单中你们会明白，我所说的妈妈确实是爱她们的孩子的，而且她们并不害怕面对自己对于孩子除了爱之外的其他感受。比如，某个婴儿和妈妈一直期待、想象的不一样。某种程度上说，妈妈画出的一张人物画像可能比真实的孩子更加符合自己的标准，更像她自己的创造之物。但是，真正的婴儿当然不是魔法凭空变出来的，要经过一个艰辛费力的过程，这个男孩儿或女孩儿才能来到这个世上。

妈妈不论在怀孕期间还是在生产期间，都处于危险之中。对于妈妈来说，即使养育的过程非常顺利，令人满意，这个婴儿依旧会伤害她，特别是在哺乳的时候。渐渐地，妈妈发现孩子把她当作一个免费

---

① 载于温尼科特所著《从儿童科学到精神分析》一书中"反移情中的恨"这个章节。

的仆人，并需要她每时每刻的全部关注。而且一开始婴儿并不会关心妈妈的需求和安宁，之后孩子还咬伤了她，但这一切都出于爱。妈妈被期望着从一开始就全心全意地爱这个小婴儿，不论他是好的还是坏的，是调皮捣蛋的还是乖巧听话的，一股脑儿悉数接纳。但过不了多久，这个小婴儿就开始对他的妈妈感到失望并表现出来，他会拒绝吃妈妈提供给他的美食，让妈妈对自己产生怀疑。小婴儿热烈的爱更像是有所企图而假装的热情，在得到满足之后，妈妈就像是吃剩下的橘子皮一样被丢弃了。说到这儿，我还需要继续列举妈妈们讨厌她的孩子的原因吗？

　　在这些早期阶段，婴儿完全不知道妈妈做得有多么好，也不知道她为了把养育这件事做好都做出了什么样的牺牲。但是，如果养育过程中，有什么事情出了问题，婴儿就会以大声哭喊的形式来抱怨和申诉。在经历了婴儿整整一上午的可怕的尖叫和发脾气之后，妈妈带着孩子出去购物，孩子会向陌生人发出微笑，那位陌生人情不自禁说道："他好可爱！"或者"她真是一个令人感到快乐、友好的小精灵！"妈妈们总是能精准敏锐地预感到，如果她在一开始就辜负了孩子的期望，令孩子感到失望的话，那么她将需要在很长一段时间里为此付出代价来弥补。然而，如果她的养育成功了，她也没有任何理由期待得到孩子的感激之情。你可以很容易就想出一堆你自己的理由，来证明这个说法的正确性。不过你们也许找不到比我挑选出来讨论的话题更糟糕的了——孩子们蓄意侵入你内心最深处为自己保留的那块领地。我将为大家进一步谈谈这一点。

　　在生命刚开始的阶段没什么困难，因为宝宝就在妈妈的肚子里，是妈妈的一部分。打个比方，虽然宝宝还只是一个寄居在你肚子里的房客，但子宫里的宝宝汇合了你曾有过的所有关于他的念头和想法。实际上一开始他是个谜，然后才变成了一个婴儿。在孕期的9个月里，你有足够的时间与这一奇迹建立发展一种特殊的关系，这个谜也因此具体化成了小婴儿。而且，等你怀孕几个月后，你就能认同待在你身体里的那个宝宝。要达到这种状态，你必须有一种相当平和冷静的心理状态，如果你的丈夫完全和你一起投注心力，并陪伴着你们，为你们俩处理纷繁世事，那将更有助于你达到平静的心理状态。

在我看来，这种与婴儿的特殊关系最终是会结束的，但并不恰好是婴儿出生的时候。我认为，这种特殊的状态还会持续到婴儿出生后的几周，除非有特殊的情况让你不幸陷入困境，比如不得不留在产科病房里，或者不得不解雇一位不合适的保姆，或者你的丈夫生病了，或者发生了什么别的不好的事。

如果你足够幸运的话，没有什么麻烦的事情发生，这种特殊的状态也开始可以逐渐地结束。然后，你大概需要几个月的时间，重新建立自己在这个世界上的成人形象。你的孩子需要你完成这样的重建工作，尽管这个过程会给他带来痛苦。现在，一场巨大的斗争开始了——婴儿，已经不再是个未知的个体——他要求得到你所有的秘密。虽然在为一场必然失败的战斗而斗争，你的孩子像在一场持久的淘金热中不断索求，他向你提出一个接一个的要求，但你能提供的黄金却永远不够。无论如何，你都正在恢复自己的独立状态，而你的秘密金矿也正变得越来越难以接近。

不过，想要完全恢复独立状态是不可能的。如果你完全恢复如初了，那就意味着你已经结束了作为父亲或母亲的责任。当然，如果你有好几个孩子，那么同样的过程会反复地出现。然而，等你环顾四周，再次看到自己作为一个独立个体立于世界之时，你可能已经45岁了。

我开启了一个很大的主题的讨论，今天我只够时间再补充谈一件事。通过与无数妈妈的交谈，以及通过观察她们孩子的成长，我相信最成功的妈妈是那些能在一开始就缴械投降选择放弃的妈妈。她们先失去了所有，但随着时间的推移，她们收获了恢复的能力。因为她们的孩子逐渐放弃了这种持久的无止境的索求，并为他们的妈妈是独立的个体而感到高兴。事实如此，这样的妈妈反而很快就成功恢复成了独立的个体。

你也许知道，那些被剥夺了家庭生活的某些基本要素（实际上就是我们一直在谈论的那些东西）的孩子，往往会有一种长期持久的怨憎感。他们长期对某些事怀恨在心，但是，由于他们自己也意识不到那些事到底是什么，而社会不得不对他们施加约束，于是这些孩子就被称为违背社会公德的人（反社会者）。

听完那些讲述自己如何争分夺秒地与侵入自己独立领地、搞乱一切的孩子们进行持续不断战斗的妈妈的故事，我对她们的成功抱有相当大的希望。最终，这片战场上将不再是尸横遍野，而是诞生出一个个独立自主的孩子，他们没有被剥夺应有的权利，没有成为问题儿童，也没有成为行为不良的孩子。相反，这些孩子都茁壮成长为青少年，每个人都站在自己独立的立场上，坚持主张自己的权利。只有当你的孩子拥有了自己独立的权利和立场时，你也才能够拥有同样的东西。你担当起做自己的责任，守住你的各种秘密，让你得以重返（尽管不太一样）被孩子侵入前的状态。

* * *

上周，我主导了讨论的内容，在妈妈们遇到的问题中挑选出一个方面，因为我认为这方面的问题可能比较重要。我很清楚养育较小的孩子的妈妈们通常会感到很疲累，而且还经常缺乏睡眠，但我依然选择讨论妈妈们失去自我隐私感这方面的主题。在这个星期，我将继续回到之前讨论的关于疲劳的话题。在接下来摘取的讨论片段中，我们将会看到家庭内讧中孩子之间两败俱伤的争斗，以及这些争斗给妈妈们造成的紧张、焦虑和头疼。

妈妈们

"我发现他们经常吵得很厉害。我真的很想知道为什么。感觉孩子们不是相亲相爱的兄弟姐妹，而像是死对头，他们相互打架，大声争吵。我想，在这一切的背后，他们又其实是非常喜欢彼此的。如果有一个外人插进来，他们会马上团结在一起，互相支持。或者如果有人生病了，他们会想方设法带点什么小东西去慰问一下。但他们就是要从早到晚争吵不休，我想起这种情况就觉得头疼不已，一进家门就听到孩子们的各种争吵，'你干的''不，我没干''就是你干的''是的，我干的''不，我没有''就是你''我恨你'。然后听到门砰的一声关上了，他们开始相互厮打起来，我赶紧冲过去把他们拉开，然后他们继续拼命地争吵。"

"我想这是一种消耗精力的方式——紧张焦虑或者其他神经方面的。"

"我想是的，但这真的很让人生气。"

"这会让妈妈感到非常焦躁不安。我记得以前也发生过类似的事情。我和妹妹曾经常常吵架……而且经常让我妈妈感到很伤心。"

"这对妈妈的体力和心力都是一种消耗，是一种折磨。其实孩子间也没什么大的矛盾冲突，真不算什么问题。我认为如果真有什么大的冲突，你总是可以处理的，因为那些冲突很不寻常……比如说某种危机……（大家讨论起来）……但孩子间的矛盾是日常生活中经常发生的小事，就像滴水穿石一样，不是吗？滴答，滴答，滴答。"

温尼科特

是的，滴答，滴答，滴答！目的是什么呢？你懂的，很多事都有其目的。上周我提到，每个孩子都直接进入妈妈的独立领地，不管那里有什么，现在我想补充的是，如果在那里发现任何东西，孩子们就会去消耗它，并把它消耗殆尽。他们决不拖延，决不留情，决不妥协。通常，妈妈会受到粗暴对待，因为孩子不在乎妈妈的状态。孩子们会尽可能地支使她，探查和发掘妈妈的精力阈值。妈妈能量之源被触达，被敲打，在无聊单调的重复中消耗殆尽。在养育孩子的过程中，妈妈的主要任务是让自己幸存下来，然后进入下一个阶段。就是无聊的重复的问题。

妈妈们

"我家有给孩子讲'睡前晚安'故事的习惯，这确实让我觉得有点烦，因为我每晚都得给他们讲，从没间断过——而如果我们准备走出房间，他们能感觉到，是吧——孩子们……"

"是的！他们当然能感觉到。"

"你不能缩短讲故事的时间，不能少讲哪怕一行，一切都要和平常一样——每天晚上都必须讲故事，不管你是生病了、康复了或是死了，或是在死亡的边缘奄奄一息——你都必须讲两个故事，真的很烦人，我有时候简直想……"（大家讨论起来）

"是的，我很想抓起那本故事书，一把给它撕了。"

温尼科特

"……一把给它撕了。"可能有不少人听到这句会很高兴，因为很多人也曾经说过类似的话。然而，睡前晚安故事还是会继续准时地重复讲下去。孩子们需要这样的重复，他们可以通过不断重复，了解故事的种种细节，这个过程也不会有令人意外的东西出现。恰恰就是这些不会令人感到意外的确定性，带来限定的舒适区，让孩子们变得平和宁静，渐渐地滑入梦乡。

接下来讨论的主题，涉及"无回报（退行）阶段"，即一个原本发展顺利的孩子，出于某种原因，而突然退行到毫无同理心，或变得反应迟钝，或者表现得明显对立，非常叛逆和违拗的时期。在下面的对话中，一个小女孩通过失去自己一些已经具备的能力，退行得像一个婴儿一样，来应对她对弟弟妹妹出生产生的嫉妒。

妈妈们

"我的大女儿9个月大，本来已经能够自己穿衣服了，但她突然决定不再自己动手穿衣服了，其实她完全有能力做到。她虽然还不会弄在后背的拉链和扣子，但她会弄前面的，可她就是说不行，说自己不会。她打算变回之前还是个宝宝时候的状态，她像小宝宝一样趴在我的腿上——所以现在，我不得不早上给两个孩子穿衣服，晚上给他俩脱衣服。"

"嗯，我可以想象让孩子们自己穿衣服的情景有多麻烦。但我现在还不需要这样做，因为我的小儿子现在还没有能力做到，但我知道这对我来说将是一件烦心事——看着孩子慢手慢脚地穿衣服，还总是把衣服穿反（大家又讨论了起来）……我肯定受不了——我喜欢雷厉风行地做事情。"

温尼科特

去适应每个孩子的节奏，是另一件令人感到厌烦的事情。有些孩子比他们的妈妈性子慢，有些比妈妈性子急。对妈妈来说，要适应每个孩子不同的需求是个大难题。一个动作麻利的妈妈要去适应一个动作慢吞吞的孩子，是一件非常烦恼的事情。然而，如果孩子和妈妈在快慢节奏上彼此失去了联系，不能协调适应对方的话，孩子就容易失去主动行动的能力，变得呆板和木讷，并且越来越依赖妈妈或保姆做事情。同样，对于孩子来说，如果自己反应快而妈妈反应慢，情况也同样非常糟糕。你很容易就能想象出那种场景。妈妈反应有些迟滞，也许是因为她正处于情绪低落的心境中，但孩子不知道原因，而且孩子也不允许这样的情况发生。有些事情无疑需按照计划安排进行，但年幼的孩子往往会打乱计划，因为他们无法理解事情还需要预先计划，他们无法理解需要着眼于未来。孩子们只会活在当下。

接下来，我们将听到关于"计划"的一小段讨论。

妈妈们

"嗯，有时候感到时间不够用，是因为外出时需要好好打理一下自己，还需要妥善计划一整个下午的时间，如何在2点的时候喂孩子吃完奶再出门，并在6点之前赶回来喂下一顿奶。外出主要是为了购物，我通常去6千米外的一个商场购物，因为那里的东西非常便宜。而同时要带两个孩子出门，就是一个艰难的大工程。一个孩子要用奶瓶吃奶，另一个孩子要用勺子吃饭，等给他们两个都穿好衣服收拾利索，准备好一起出门时——有一个孩子睡着了，耽误了时间，搞得很晚才出门——然后你必须得在商场里飞速采买东西，抓紧时间赶回家再喂另一个孩子喝奶。另外，还会有其他的事情等着你。比如有时准备出去和朋友喝个茶……比如今天下午电台把我们组织起来讨论。大约需要花一个小时，我们仨才收拾好准备出门。"

"听起来太可怕了！"

"等你自己收拾好了，两个孩子又会……"

"是的，他俩又出状况了，把自己搞脏了。"

"这都还是在计划之中的呢——做好出门前的最佳时间安排。"

"像这样的日常琐事，可能是所有事情中最令人感到厌烦的了——我认为它们是最烦的！"

"总的来说，我非常爱我的两个孩子。他们并不是一直都惹人烦，只是在这些日常琐事上会有点。"

"让我觉得烦的是'下一顿饭'——孩子要吃什么——他们所有人要吃什么。"

"你会提前计划好三餐吗？"

"不，不。我不是一个凡事都要做计划的人。有些事情，你懂的——到饭点了我才想起来（大家笑起来）……可能会出现一些突发情况……我每周五都要去商场大采购一次，这样家里就囤有足够多的东西来应付接下来的一周，但那些食材会在什么时候用，又被用来做什么，这都要到做饭的时候才会被敲定。"

"嗯，在准备孩子的午餐上我非常幸运，因为克里斯托弗最喜欢的一道菜是肉饼。我真是吃够了肉饼。"（大家又笑起来）

"孩子们的口味有时候非常有限，不是吗？但这样做起饭来就轻松许多了……"

"是的，轻松多了。"

温尼科特

这里有一丝希望渐渐展露。有一位妈妈做了计划，她尽可能地把计划做得有序和到位，但是，她还是无法顾及每个孩子的需求，还有统一的时间安排、家和商店之间的相对距离，以及她自己有限的精力，对她而言，还是无法把这一切都完美严苛地结合在一起。最终，我们还是面临这样的情形：妈妈在同一时间里奋力艰难地多方作战，她除了要应对自身面临的各种情况以外，同时还需要应对孩子的个人需求，以及她所接触的整个世界。

妈妈们

"但是，另一件让我非常厌烦的事是，孩子总有什么事情来打断我，我不得不停下手里正在做的家务——比如用吸尘器打扫卫生什么的——我觉得如果没有任何打扰，我10分钟就能把房间收拾好。但我做家务的时候，总有孩子跟在我身后打断，然后说'我要上厕所'——而他如果坐在马桶上，你还必须在旁边等着——你必须待在那里，而且……"

"是的，你不能走开，也不能去做别的事情。"

"而他还把这当成了一个游戏。"（大家笑了）

"要是这个时候，炉子上有什么东西烧开了，而你还没来得及关掉吸尘器……因为你原本以为只需要1分钟去处理孩子的事儿……"

"我发现不停地被打断做家务，真的让人恼火——我干活儿正起劲儿呢，突然听到不知从哪儿传来一声尖叫，你不得不马上放下手上的活儿，不管是在做饭，手上沾满面粉，还是其他什么情况，你都要马上冲过去，看看到底发生了什么事。"

"如果我的手上沾满了面粉，我就会说，'你看看，你想让我这样去帮你吗？'"

"这样管用吗？"

"管用。孩子会说'那我以后再做'，我怕是这么干了好多次了。当我们正准备出门——烦人的事就会突然出现，比如孩子会说：'妈妈！我们忘了拿这个那个了。'你懂的，我们刚出门，而她就想回屋去拿个娃娃，或者去拿个购物篮——这个时候我就会说：'好吧，那你下次出门时，记得带着哦。'让她这一刻变得像一个可以实现的美梦一般。"

温尼科特

这里存在着一个界限，而随着每个孩子逐渐长大，他是否有权向妈妈提出要求，也会有一个越来越明确的界限。那么，应该由谁来设定这个边界呢？从某种程度上而言，这得从妈妈日渐守护自己的个人领地开始。

妈妈们

"这还取决于你晚上过得怎么样。"（大笑）

"我曾经经历过很糟糕的夜晚，那天我真的对孩子发脾气了，如果他再表现出任何烦人的迹象，我恐怕就会爆炸了。"

"这会使他更淘气、更烦人吗？"

"不，我想他已经意识到我的耐心到头了，快要发火了，他最好安静下来。而且令人惊讶的是，他确实安静下来了。"

温尼科特

但是，我期望，爸爸最后会出马，参与进来，并保护好他的妻子。父亲也有他的权利，他不仅希望看到他的妻子重新拥有作为独立个体的生活，他也希望自己能够重新拥有他的妻子，即使在某些时候，这意味着对孩子的排斥。因此，随着时间的逐渐推移，爸爸的态度可以变得强硬起来，坚定地行使他的权利，这让我想起几周前聊到的"说'不'的三个阶段"那个主题。在一次节目中，我曾提出，假如父亲以一种友好的方式，在孩子那里赢得了采取强硬态度的权利，赢得了制定清晰界限的权利，那么对孩子而言，父亲就会变得非常重要。

照顾孩子的确会令人感到厌烦，但是，另一种从小就对孩子严加管教的方式，是最糟糕、可怕的主意。我认为，孩子们会继续惹人厌烦，妈妈们也会继续为自己有机会成为"背锅侠"而乐此不疲。

【1960】

第七章

安全感

无论任何时候，每当谈到婴儿和儿童的基本需求时，我们就会听到"孩子需要的是安全"这个说法。有时候我们可能会觉得这是明智的，而有的时候我们可能会对此表示出怀疑。我们可能会问，"安全"这个词，究竟是什么意思？父母的过度保护会使孩子感到痛苦，这与那些让孩子感到不可靠的父母一样，都让孩子感到混乱和恐惧。显然出于安全考虑，父母很有可能给予孩子太多的限制和保护，而我们也知道孩子确实需要感到安全。那我们该如何梳理清楚，并解决这个问题呢？

那些能够在一起维持家庭生活的父母，实际上提供了对孩子非常重要的东西。自然，当一个家庭破裂时，孩子们会因此受到极大的伤害。但是，如果我们只是简单地告知孩子们，仅仅注意"安全"的因素，你可能会觉得这个解释中缺少了点什么。孩子们会对这样的安全声明产生质疑，这个质疑会让他们试图去挑战，去突破这种安全。只注重安全的极端想法可能认为，能让孩子安全成长的地方，只有监狱。这实在太荒谬了。当然，我们也可以在任何地方发现精神的自由，即使在监狱里。诗人洛夫莱斯（Lovelace）写道：

石壁不为牢，铁笼非桎梏。

这句诗意味着，和被紧紧束缚的真实肉身相比，思想往往具有无限的宽广度。人们必须自由地、以充满想象力的方式生活。自由是一个基本的、不可或缺的关键元素，它能引发人们身上最美好的东西。

然而，我们不得不承认，有一些人是无法生活在自由中的，因为他们既害怕自己，也害怕这个世界。

为了梳理清楚这些想法，我认为我们必须将发展中的婴儿、儿童、青少年乃至成人都纳入考虑范围，不仅要追溯个人的发展史，还要追踪这些个体在发展过程中所需要的环境条件。当然，当孩子们开始能够享受给予他们的越来越多的自由时，这同时标志着他们正在健康成长。我们抚养孩子的目的是什么？我们希望每个孩子都能逐渐地获得安全感。必须在每个孩子的内心建立起某些信念，让他们认为世界不仅是美好的，而且是可靠的、持久的，或者相信在受伤之后能够被修复、被毁灭之后能够重生。

问题在于，这种安全感的建立是如何发生的呢？是什么东西让孩子对周围的人和事物都有信心，带来了令人满意的稳定状态？究竟是什么能带来我们所谓的自信心？这么重要的东西是先天的或个人因素吗，还是来自道德规范或后天教育？必须有个榜样以供模仿和复制吗？外部环境的条件提供是必需的吗？

我们可以回顾一下人类情绪发展的各个阶段，每个孩子都必须经历这些阶段，最终成为一个健康的成年人。这个过程需要花很长的时间才能完成。在这个回顾中，我们会谈及个体成长与生俱来的进程，以及人类凭借自身能力成熟起来变为成人的方式（必然是非常复杂的）。

然而，在这里，我想谈谈环境的供给中我们父母以及社会所扮演的角色，所起的作用。

恰恰是环境使每个孩子的成长成为可能。没有足够可靠的环境，孩子的个人成长就不可能发生，或者这种成长必定会被扭曲。由于没有两个孩子是完全一样的，这就要求我们需要去专门适应每一个孩子的需求。这意味着，任何照顾孩子的人都必须了解这个孩子，并且养育工作必须建立在与孩子的生动真实的关系的基础上，而不是建立在学习和机械应用的基础上。

我们通过持续可靠的在场，以及始终如一的自我呈现，为孩子提供了一种稳定的环境，这种稳定不是僵硬的，而是生动的、有活力的、人性化的，这使婴儿感觉安全。婴儿在这样的环境下才能够成长，并建立各种关系，才能够从中吸收经验并对这些经验加以模仿、复制。

当我们为孩子们提供安全保障时，我们其实同时在做两件事。一方面，由于我们的帮助，孩子可以免受意外事件的伤害，免受无数令人讨厌的外界侵扰，以及避免一个未知世界所带来的危险。同时，另一方面，我们的保护使得孩子远离了他们的冲动，不受自己的冲动影响，以及让孩子远离了将这些冲动付诸行动所可能产生的可怕后果。

我必须再次强调，非常小的婴儿绝对需要照顾，他们还不能靠自己生活。他们需要被抱着，需要被挪动，需要被清洁，需要被喂养，需要待在合适的温度下，需要免受强风和巨响的侵扰。他们需要自己的冲动得到满足，他们还需要我们理解他们的自主性。在这个早期阶段没有太大的困难，因为大多数情况下，每个婴儿都有一个母亲全然地关注着他，并忙于满足她的婴儿的需求。

在这个阶段，婴儿是安全的。当一个母亲在婴儿的生命初期顺利地完成了这一任务时，孩子的困难就不属于外部世界侵扰的问题了，而是属于生活中以及内在世界各种情感、感受的冲突。在最令人满意的环境中，在婴儿得到足够好的照料带来的安全感中，婴儿开启了他个性化、个体化的生命历程。

顺利成长的婴儿很快就能够保护自己，抵御不安全的情境侵扰。但在最初的几周或几个月里，他们刚刚出生，能力还很薄弱。因此，如果得不到母亲的帮助，当遇到困难或不利的事情发生时，他们的人格发展就会在发育过程中扭曲。在这个早期发展阶段，婴儿需要建立起安全感，建立一种不会让自己遭遇失望的期望。挫折——嗯，是的，这是不可避免的；但是失望——哦，不行！他相当的直截了当。

我们现在关心的问题是，当孩子建立起安全感后，究竟会发生什么呢？在我看来，安全感建立之后，接下来是一场反对安全的长期斗争，即针对环境中所提供的安全而战。在最初的保护期过后，母亲逐渐将世界介绍给孩子，每个孩子都作为一个个体扑向新鲜的世界，他们抓住每一个新的机会，去自由地表达，冲动行事。这场反对安全和控制的战争将持续贯穿整个儿童期。

继续加以控制是必要的。父母仍然要持续不断地维持一个纪律框架来管教孩子，就像石头墙和铁栏杆一般坚固。但只要父母们在设定规矩时，了解到每个孩子是什么样的，去关心孩子作为"人"的发展，他们就有能力欢迎和接受反抗与挑战。他们继续作为和平的守护者，行使其监护人的功能，但他们同时能预料到孩子们无法无天的捣蛋行为，甚至是反叛和革命。幸运的是，在大多数情况下，通过想象中的生活和游戏，以及借助文化经验，孩子和父母都可以获得安慰，得到解脱。随着时间的推移，健康的孩子有能力在面对明显的不安全情形时，依然让自己获得一种安全感，例如，当父母一方生病或去世的时候；或当某人行为不端，做错了事情的时候；或因某种原因，家庭破裂的时候。

孩子们需要不断检验他们是否还要依赖父母，这种测试会持续很长时间，直到他们准备好为自己的孩子提供安全的条件为止，甚至还在那之后。青少年的特点就是以非常个性化的行为去探查所有的安全措施，以及对所有的规章制度和纪律条款进行测试。所以，通常当发生这样的事情时，即表示孩子们确实接受了这个世界是安全的这一个基本假设。他们信任父母早期良好的养育，因为他们曾经充分拥有过这种好的感受，从此他们将一直携带着这种安全感，并通过他们对父母、对其他家人、对学校老师、对朋友以及对各种各样的人的测试检验，这一安全感被不断地强化。当他们发现这些规矩牢固得像锁头和螺栓一样牢牢紧锁时，他们可能会爆发抗拒，想办法反复尝试解除或打破这些规矩的办法，一次又一次冲出去。否则，他们就整日蜷缩在床上，听着阴郁的蓝色爵士乐唱片，觉得自己毫无用处，深陷空虚无聊之中。

为什么青少年需要反复做这样的测试？我认为，正是因为他们会遇到令人恐怖的、新的且强烈的情感，他们想知道那些外部的控制是否仍然还在。但同时，他们又要证明自己有能力打破这些控制，并亲自建立起自己的规矩。健康的孩子确实需要感受到持续存在的控制，但这些纪律和规矩必须由那些有能力被爱和被憎恨，有能力面对被违抗也依然可以依赖的人提供。

单纯机械式的控制是没什么用的，恐惧不能成为遵守规矩的好动机，也不能激发孩子内心中真正的顺从。我们和孩子之间必须建立起一种鲜活的关系，才能让孩子们拥有必要的、能满足自己真正成长需求的自由空间。真正的成长将带给孩子或青少年以成人的责任感，特别是为下一代孩子们提供安全的成长环境的责任感。

我们能从创意性艺术家各种各样的作品中看到相似的情形。他们做了一些非常有价值的东西和事情，他们不断地创造着各种新的形式，并为了创造出更新的东西而不断地突破自己。当现实生活以一种活生生的方式威胁、摧毁着我们的存在和真实的感觉时，是这些艺术家让我们保持生命的活力。在所有人中，艺术家们能最好地提醒我们，对我们而言非常重要的冲动和安全感之间的斗争是永恒不变的，而且只要我们的生命持续下去，这种斗争就会持续在我们每个人的内心深处。

　　健康的孩子们会发展出对自己和别人足够的信赖，以此应对来自他人的各种各样的外部控制；来自外部的控制已经变成了一种自我控制，在自我控制中，各种内心冲突已经提前在内部被解决和修通了。所以，我看见了这样一条路径：在生命的早期阶段，良好的条件和环境会让孩子发展出安全感，这种安全感使孩子具有了自我控制的能力。而当自我控制能力建立起来以后，一切来自外在强加给孩子的安全顾虑，对孩子而言就是一种侮辱。

【1960】

第八章

妈妈的罪疚感

克莱尔·雷纳[1]

当我女儿只有几周大的时候，我的一位亲戚刻意伪装成另一个声音打来电话，说她是"英国防止虐待儿童协会"的工作人员。说来也奇怪，过去她对我开类似玩笑的时候，我总能识破，但这次我却上当了。我当真了，而且内心涌上了一种强烈的罪疚感和隐隐的害怕。我的意思是我很害怕是不是我做错了些什么才导致接到这通电话。这个反应非常耐人寻味，我花了一些时间来克服升起的恐惧感；但事实上，整整一天，我都不太舒服。现在我的内心还是有那种令人恶心的不适感，好像觉得自己曾经做过什么不该做的事情一样。

温尼科特

嗯，我想我也有这样的感受。但是，除了感到罪疚之外，是否还因事情发生得太突然，引发了别的情感？就是在你还没以真正独立的个体重新适应现实世界时，没反应过来的时候，就突然出现了一个刺激性事件。我的意思是，在你生孩子前后的这段时间，你在这个世界上完全处于一个受保护的位置，你完全没有预料到会发生这类事情。在那个阶段，任何突发的事情或意想不到的事情，就像平地惊雷一样，都会让你感觉到很糟糕和害怕，不是吗？

[1]　一位著名的电台及电视节目主持人，也是一位作者。接受过护理训练，写过多部有关儿童照护和健康的书籍。

克莱尔·雷纳

是的，我同意你说的。但这是一种非常特别的罪疚感。你知道人会因很多种情况而感到恐惧，不是吗？听到一声巨响，你会感到一种恐惧；然而当你预测到有什么不好的、可怕的事情即将发生时——比如你打算去看牙医，你会感到另一种恐惧。但是，我说的这是一种由罪疚感引起的恐惧。好像我曾经做了一些错事，然后隐隐觉得自己就要遭遇不测了，你懂吗，我会一直觉得自己像个"罪犯"，我的"罪行"就快要被发现了似的。

温尼科特

是的，嗯，我懂你的意思，而且我很想和你讨论这种感受。我发现一些有意思的事情，当我以观察者和心理学家或其他类似的身份与那些妈妈爸爸谈论起他们的孩子时，我发现，无论父母们多么细致用心、小心谨慎地照料孩子，他们都很容易产生罪疚感。我花了好大的心思，试图不让讨论与评价、批评扯上关系，努力尝试让大家感到我们的讨论是为了研究解释一些现象，而不是进行对错判断，然而，还是不断有人来和我说：每次听你说话，或者读到你写的东西，都觉得自己很邪恶、很内疚。所以，我对这个情况很感兴趣。

克莱尔·雷纳

哦！那就是一种罪疚感吧。如果你读到一篇文章或一本书，文章或书里说你应该这样做，那你就会立刻产生罪疚感，因为你没有这么做。但还会有其他情况，我认识一个年轻女人，我想她从来没有读过这类文章，但是，自从孩子一出生，她便表现出一种强迫性洗涤行为。我的意思是，她之前一直是那种普通平凡的家庭主妇，但孩子一出生，她就开始擦洗孩子可能要接触到的所有东西。一天之中，她要给孩子换三四套衣服，完全无法忍受孩子身上有污渍或者整个弄脏了。而且随着孩子逐渐长大，擦洗的范围也跟着扩大。你瞧，当孩子还很小的时候，她要擦洗婴儿车、婴儿床和他的房间。现在孩子开始四处爬了，这个擦洗的领域就扩大到孩子可能爬进去的任何一个房间。她每周都擦洗客厅的地毯，而且还是用洗发水来清洗。在我看来，这件事情还挺奇怪的，我不禁想，她是不是对某些事情感到负罪和内疚，所以才用这样的方式以便表达。不知道你是否同意我的看法。

温尼科特

我认为这是一个非常有代表性的极端例子。因为这个例子向我们呈现出，有的人并不知道自己心里正在产生罪疚感。在我看来，大多数观察者都能察觉到，这个极端例子里的妈妈心里很恐惧——她担心孩子会面临一些伤害，所以她必须尽可能地去避免。但我觉得这个妈妈自己并没有意识到这一切。她只是觉得，如果她不把所有东西都清洗干净，她会感觉很糟糕，感到莫名的害怕。

但即使她清洗干净了所有东西，她也还是可能感觉很糟糕，可能也会感觉到害怕。所以我认为，当我们作为观察者去观察这个现象时，一定有很多不同的方式可以帮助我们看到，这些人可能是在罪疚的情绪推动下做出特定行为，而且他们可能并不知晓自己这样做背后的原因。但还有另一种情况，即一种普遍存在的、潜在的罪疚感，我认为这才是我们感兴趣讨论的主要的点。

克莱尔·雷纳

是的，这一点我思考了很久。我很想知道，有多少是源自妈妈和孩子之间的嫉妒情绪。如果大家不介意的话，请容我再举个自己的例子。当我的小女儿出生时，我发现，把她带回家后，我开始嫉妒她和我丈夫的关系。我想当时我很害怕——回想起来，我当时并没有意识到这点，但现在我意识到了——我害怕她可能会偷走我丈夫对我的关心。我觉得当时我和丈夫的关系中没有为她留位置。当我意识到这是一种真实的嫉妒之情时，问题就解决了。我一承认这是嫉妒，这种情绪很快就消失了，我觉得这很有意思。

但我很好奇，想知道有多少妈妈嫉妒自己的孩子。如果她们有一个女儿，在女儿不同的年龄段，这种嫉妒情绪是怎么样的，会不一样吗？现在很多杂志或其他宣传上，都在强调女性要活得年轻和美丽，在这种氛围下，一个生了小女孩的女人，难道不会清楚地意识到她不再像以前那么年轻漂亮了，而自己那年轻又漂亮的女儿的生活才刚刚开始，但她自己的生活中有一部分已经结束了吗？一个妈妈会因此而嫉妒自己的女儿吗？这种嫉妒情绪会引起她自己的罪疚感吗？你认为有这种可能性吗？

温尼科特

嗯，我觉得你非常坦诚地面对自己。你刚描述了不同的人在不同情况下感受到的罪疚感，这都可能源自他们对自己的孩子产生了一些不该有的、超出意料的想法。在你的例子中，你说你因为小女儿而产生了嫉妒情绪，以及你很在乎丈夫对女儿的反应，等等。那么，如果你们有一个儿子的话，情况又会不一样了。有些有儿子的父母可能感到焦虑，并觉得自己很邪恶，因为他们惊讶地发现自己并不想要一个男孩儿；或者出于这样或那样的原因，他们并没有像他们认为的那样爱这个孩子，而他们又认为自己应该要爱这个孩子。

每个人都有一种先入为主的理想状态，他们认为一切都会很顺利，万事都能如意，并且妈妈和孩子是彼此相爱的。所以，我认为你所注意到的只是其中一个例子，表明为什么有些妈妈可能会对自己的孩子产生她们自认为本不该有的意料之外的情绪，并从而产生了罪疚感。比如，她有可能发现自己很自然地全心全意地爱着自己的孩子，但这让她有些难受，因为她觉得她的妈妈过去并没有以同样的方式爱着她，然后她就觉得自己……给她妈妈做了一个榜样。我记得我看到过一个小女孩坐在地板上，非常友好地对待一个洋娃娃玩具，任何人由此都可以看出来，小女孩正在用这个游戏告诉她的妈妈，在那时的她看来，她的妈妈是一个多么不合格的糟糕妈妈。换句话说，会有各种各样的原因，使得不同的人对他们的新生儿怀有意料之外的感受和情绪。

（克莱尔·雷纳：是的。）

但是，我仍然认为其中有一些是普遍存在的，与生俱来的内在原因，只要我们能理解这些原因就好了。

克莱尔·雷纳

是的。我刚想起来，当我还是一名实习助产士的时候，我注意到妈妈们对新生儿的第一个问题通常不是"他/她是什么样的"，而是"他/她一切都好吗""健康吗"。

当时我就觉得这个现象很有意思，现在我对它更感兴趣了。我忍不住想知道，妈妈们为什么总担心害怕孩子在某些方面会有问题呢？这是一种很常见的恐惧，不是吗？

（温尼科特：是的……）

就像你生出了一个怪物或者其他什么不正常的东西。

温尼科特：

我认为母亲有这样的想法和担心不仅很普遍，而且很正常。我是说，有一些人——当然，人必然是各种各样的，这也是一件好事情——但有些人，在很大程度上把婴儿和他们生命中的其他事情完全分开了。不能说这样做一定是正常的。对于大多数人来说——如果他们有孩子——他们会把对孩子的全部幻想，汇聚成对某一个孩子的幻想。这个幻想在他们自己还是孩子，在玩过家家中扮成爸爸妈妈游戏时出现过，以及在他们的理想中存在过。这其中蕴含着交织在一起的千百种各式各样的爱和恨，以及混杂着善意的攻击等一切情感。

因此，在我看来，这是我们每个人身上都会存在的与生俱来的部分。当他们有了孩子之后，在理性层面可以完全理解孩子是从哪儿来的，但在他们的幻想中，他们并不认为自己可以创造出一个完美无瑕的孩子。他们的想法是对的。我的意思是，即使他们试图画一幅画，或者创作任何其他类型的艺术作品，甚至做一顿晚餐，他们都不能确定这件事会绝对完美。不过，他们确实能创造出一个很棒的婴儿。

克莱尔·雷纳

那么，这是不是意味着当妈妈问这种问题的时候，答案是：孩子很健康，一切正常，完好无损，毫无问题。那么，引发这个问题的罪疚感就会消失——就被清洗了，是这样吗？

温尼科特

是的，这就是我真正想说的。这样一来，婴儿就恢复到作为一个婴儿客观存在的状态，而所有的幻想就仅仅归于幻想罢了。但在另一方面，如果妈妈对婴儿的情况恰好产生了一些疑虑，即使护士回答一切都好，或者延迟了一会儿才回答，那么妈妈就有时间把所有的幻想、恐惧和疑虑与她对婴儿状态的各种想象结合起来，因而无法完全安心和放松。而且如果孩子真出了什么问题，那么这个妈妈就得面对一段非常艰难的时期，而且她会觉得自己应该为此负责。因为是她怀了这个孩子，而且她跟孩子的关系非常密切。

（克莱尔·雷纳：是的。）

因为之前孩子是在她肚子里的。这本应该是两件分开的事情，但是，如果宝宝的情况不是一切正常的话，这两件事就很难区分开了。

克莱尔·雷纳

是的，是这样的。

温尼科特

我再从另一方面来说，如果孩子确实很健康，一切正常，那么这个孩子总有某些方面，不如她幻想中的孩子那般好。

克莱尔·雷纳

是的。这些罪疚感是如此普遍，我忍不住想知道，它们必定有某种价值。就罪疚感本身而言并不是一件坏事，对吧？这难道不会在某种程度上激发妈妈对孩子的责任感吗？

温尼科特

会的，如果你用做饭来类比的话，我认为它们很像。如果一个人确实一点怀疑和不确定的感觉都没有的话，我认为他不会是很有趣的厨师。比如，在聚会之前，几乎每个人都感到有点不安、小紧张，因为聚会的准备过程可能会出点什么差错，当然，他们可能会准备很多的食物，以防万一不够吃或者诸如此类的突发问题；所有这类担心实际上都一样。但通常的事实是，人们来参加聚会，很享受这些食物，然后把东西都吃完了——甚至把备用的多出来的食物也吃完了。这在我看来，你刚讲的是，人们确实有必要对自己保留一点怀疑，这样才能充分负责，尽职尽责地养育孩子。

克莱尔·雷纳

对对，我也这么觉得。如果你对你的孩子一点儿也不感到罪疚，那么你有可能不会那么用心地保护他，对吗？我是说，如果你觉得一切都理所当然地会好起来，一切都会很正常，不会出什么问题，那么即使孩子突然发高烧，你也会说："哦，没事，不会出什么问题，何必折腾呢？为什么要去看医生？没必要，不可能出什么问题的……"

温尼科特

是的，从我的角度来看，这是非常现实的情况，因为我花了很多时间去观察那些带孩子来医院的妈妈。我觉得她们来找我的原因，是因为她们担心她们的孩子，为孩子感到忧虑。如果她们不是这样，不担心孩子，那么她们就不会注意到孩子生病了。

（克莱尔·雷纳：是的。）

她们经常在孩子状况很好时也来找我。一位妈妈可能会对我说："孩子昨天摔了，碰伤了头。我只是不太确定他是否还和原来一样，没什么问题吧？"嗯，你看，这个妈妈这样做没什么问题，她确实应该来找我，而我的工作就是接待她，我可能会回答："我已经给孩子做过检查了，孩子一切无恙，没什么问题。"我觉得，我正在处理妈妈对孩子的罪疚感，这也没什么大问题——一旦她能做点事情，罪疚感就停止了，比如她已经带孩子来医院检查过了；或者她觉得不需要带孩子去看医生，但她会留意观察孩子的状况，然后发现其实孩子并没有什么问题。但我认为恰恰是这种罪疚感让她变得敏感，并产生自我怀疑。

（克莱尔·雷纳：是的。）

因为我确实发现，有些父母并不具备这种感受到罪疚的能力，他们甚至对生病的孩子视而不见。

克莱尔·雷纳

是的，就像你说的那样，父母有罪疚感对孩子来说其实是相当有益的。我的意思是，对于一个小孩子来说，这个世界和它的各种责任是巨大的，具有压迫性的，不是吗？而有一个情愿亲自为发生的事情担责、接受责备，并以这样的方式保护孩子的妈妈，一定会给孩子带来快乐。妈妈的内疚感变成了一个缓冲，不是吗？可以对抗整个具有压迫性的世界。

温尼科特

是的。我认为，总的来说，如果你可以选择谁来做你的父母——当然，实际上我们无法选择——但如果可以选的话，我认为我们宁可选有罪疚感的妈妈。至少她会有责任感，而且如果事情出错了，她能够觉察到可能是她自己的问题。我宁愿有这样的妈妈，也不愿有一个将一切问题立马归咎给外界事物，来解释自己没问题的妈妈。她可能会说，比如，是由于昨晚的雷雨或其他外界因素导致，而她不承担任何责任。在这两种极端的情况下，我们宁愿选择一个有责任感的妈妈。

【1961】

第九章

培养孩子的是非观

有些人认为，是非对错的观念在孩子身上的成长，会像走路和说话一样自然地发生。也有些人认为，你必须给孩子灌输、植入这些想法和观点。我自己的观点是，在这两个极端的观点之间还存在着一定的空间，是非善恶就像其他个性一样，每个婴儿和儿童都会自然而然地感受到好与坏，但这理所当然需要有一定的环境照护条件作为前提。这些基本条件很难用几句话来描述清楚，但重要的是，照护环境应该是有规律可循、可预测的，照护者在生命初期就要高度适应婴儿的需要。事实上，绝大多数婴儿和孩子都得到了这些基本的照护。

我想说的是，婴儿做真实自我的基本体验，以及这种真实自体持续存在的基本体验，才是道德的基础。不可预测的事物、不可预测的环境对婴儿产生的影响会打断这种持续存在的状态，并干扰婴儿自体的发展。但这涉及太遥远的生命初期，远离了我们现在所讨论的话题。我们的讨论必须集中在婴儿的下一个发展阶段。

每个婴儿都以自己独有的方式大量收集他们持续存在的经验，当他开始感觉到一个独立于母亲之外的自体，一个完整的自我的存在时，恐惧就开始占据主场了。这些恐惧本质上都是原始的情绪，是基于婴儿内在未经处理的报复期望而产生的。在这样的恐惧中，婴儿会变得兴奋，具有攻击性和破坏性的冲动和想法，他们表现出大声尖叫或想撕咬点什么的行为，而且他们时时感到来自外在世界的威胁，觉得到处充满了张大的要咬人的嘴，具有敌意的牙齿，不断挥舞的爪子，以及各种各样的威胁。

在这样的情况下，如果母亲不能发挥基本的保护作用，以隔离婴儿在生命早期体验到的巨大恐惧的话，婴儿的世界将会变得十分可怕。母亲（我并没有忘记父亲）通过"人"这个个体存在的方式，来改变幼小的孩子各种恐惧的性质。渐渐地，母亲作为"人"这个个体被婴儿识别出来，由此，婴儿获得的不是一个充满魔法、报复的世界，取而代之的，是一个可以理解婴儿各种冲动，并对此做出反应的母亲。但这个母亲在感受到伤害时也可能会生气的。当我这样说的时候，你会立即看到，如果原始的报复性力量经过母亲的人性化处理，就会对婴儿产生巨大的影响。

　　一方面，母亲知道实际破坏和破坏意图之间的差异。当她被婴儿咬到的时候，她会叫："哎哟！"但是，母亲认可了婴儿想吃掉她的欲望，她并没有因此感到不安或害怕。事实上，母亲会觉得婴儿咬她是对她的一种赞美，这是婴儿能够表达出兴奋的、激动的爱意的唯一方式。当然，母亲也不是那么容易就被婴儿吃掉的。她发出"哎哟"的叫声，只是意味着她感到了疼痛。婴儿的这个动作会伤害到乳房，特别是那种很早就长出乳牙的孩子。但无论如何，母亲最终会活下来，婴儿则有机会从母亲幸存这一事实中获得安慰，感到安心。而且，我们确实可以给婴儿一些坚硬的东西去撕咬，不是吗？这些东西都有很好的生（幸）存价值，比如一个拨浪鼓，或是一块骨头。因为你知道，如果婴儿能够以吃奶的劲儿去撕咬有些东西，他会感到安慰和轻松。

　　通过这些方式，婴儿有机会在实际冲动行为出现的同时发展出幻想的能力。而这一重要步骤源于母亲始终如一的态度和可靠性。此外，这种环境的可靠性也提供了一个让婴儿得到进一步发展的设置。下一阶段发展的质量，取决于婴儿使父母感到幸福的贡献量。母亲在恰当的时刻出现，她会收到婴儿对她做出的冲动性姿态，这对她来说意义重大。因为这确实是婴儿的一部分，而不仅仅是一种反应。婴儿会表现出一种反应性的微笑，这几乎不含有任何意义。但是，婴儿最终会出现另一种微笑，它意味着婴儿感受到了爱，并且是在那一刻充满了对母亲的爱。在这之后，婴儿会在浴缸里嬉戏，用水泼母亲，使劲拉拽她的头发，咬她的耳垂，或者给她一个拥抱，等等诸如此类的事情。或者，婴儿以一种特殊的方式排泄，暗示着排泄物是具有礼物的意义的，并且它是具有价值的。

如果这些很小的事情都是孩子自然而然地无意识为之，母亲会因此产生极大的成就感。正因为如此，婴儿能够进行新的发展和整合，以一种新的、更全面的方式，接受自己在兴奋时刻（也就是说在经历各种本能体验之中）所感受到的肮脏和破坏感。

对婴儿来说，与生俱来的、最重要的本能是在喂养中被唤醒的，而这种本能与真实的被爱、被喜欢和充满情感的游戏体验结合在一起。想"吃掉"父亲和母亲的幻想会被"吃掉"各种食物的现实所取代，并逐渐融为一体。婴儿因为发现了自己自发性出现的迹象，并明白这些迹象代表的即将到来的情感冲动，所以开始为所有无情摧毁的幻想承担全部责任；而且婴儿从经验中发现，当自己出现爱的冲动时，母亲就刚好在那里，于是就形成了一种"好的感觉"和"坏的感觉"的判断与调控方法。通过这些复杂的过程以及婴儿逐渐发展出的，把各种体验聚合在一起的能力——我们称之为整合——婴儿就能够耐受本能体验中破坏性摧毁元素所引发的焦虑，并逐渐认识到破坏性有修复和重建的机会。我们给这种耐受焦虑的能力取一个名字，称之为"罪疚感的能力"。

我们可以看到，罪疚感的能力是伴随着婴儿对成长环境的可靠性的信心，一起发展起来的。我们也看到，当一位母亲不得不离开她的婴儿时，或者当母亲生病时，或者当母亲的关注力被其他事物占据时，婴儿感到成长环境不可靠，丧失了这份信心，罪疚感的能力也随之消失了。

　　一旦婴儿开始有罪疚感，也就是说，一旦婴儿将"与建设性相关的行为"和"对摧毁性冲动感到的焦虑"联系起来，那么婴儿就能分辨出"好的感觉"和"坏的感觉"。它不是从父母的道德感中直接继承的，而是产生了一种新的道德感，是每一个新的个体身上自然发生的。"感到某件事是正确的"肯定与"婴儿认为的母亲或父母的期望"相关联。但是，更根深蒂固的影响，源自与这种罪疚感联系在一起的"好与坏的意义"——一种在"对摧毁性冲动感到的焦虑"与"有能力和机会进行修复和重建"之间的平衡。

　　对婴儿来说，那些减轻罪疚感的事物和活动让他感觉是舒服的、好的，而增加罪疚感的事物就会让他感觉到是糟糕的、坏的。事实上，由于婴儿天生的道德感是从各种原始恐惧中发展出来的，所以比父母的道德感要更加激烈。只有那些真实的、实际存在的东西对婴儿来说才有意义。比如，教孩子说"谢谢"，仅是出于礼貌的行为举止，并不是出于他的感激之情，这样的教育并不能培养孩子的感恩之心。

　　你会发现，根据我在工作中使用的理论，在婴儿形成生活体验的早期阶段，你可以通过做一个可靠的父母，来帮助婴儿有能力发展出"是非观念"。只有当你的孩子发展、建立了自己的罪疚感时，把你关于"好"和"坏"的是非观念介绍给孩子才有意义。

　　如果你不以这种方法养育你的孩子（这样养育的孩子会一个比一个好），那么你只能尽力做一个非常严苛的人，尽管你知道在婴儿的自然发展过程中，本来可能会发生一些更好的事情。如果这些你都做不到，就必须通过教育和训练把自己的是非对错的观念灌输给孩子。但这是一种退而求其次的做法，取代了孩子真正的是非之心，它也是一种失败，你会讨厌这样的做法；而且只有你或执行你意愿的人在那里不断强化坚持时才会有效。

　　另一方面，如果你能让婴儿开始立足于你的可靠性，去发展出属于他自己的个体化的是非观念，并以此取代对原始性报复的恐惧感，那么，你自己的想法和观念就会是孩子是非观念的有效和极具价值的补充。因为随着孩子们的成长发展，他们或者会喜欢模仿父母，或者会挑战、违抗父母，无论是两种路径中的哪一种，都殊途同归，最终都能达到一个好结果。

　　　　　　　　　　　　　　　　　　　　　　　　　　【1962】

第十一章

孩子五岁时

在近期一起庭审案件的报道中，一位资深法官在一个年近5岁的孩子父母离异的案件中说："众所周知，这个年龄段的孩子可以从家庭变故中迅速恢复过来。"我无意批评这位法官在本案中的判断，但是，我们可以尝试开放地讨论这样一个问题：5岁的孩子，真的如众所周知那般对家庭变故有承受能力，并能很快适应、恢复吗？

在我看来，孩子对困境的承受力、适应力只能伴随着成长和成熟而来。我们甚至可以认为，在孩子的成长发展过程中，并不存在任何一个时间点，能够具备对困境充分承受和适应的能力。所谓的对困境的承受力和适应力，实际上意味着我们期待孩子在一定程度上顺从，而又不会对孩子的个性成长和人格建立构成过大的威胁。

也许确实有观点认为，在孩子5岁这个阶段存在着一些特点，需要你特别小心留意，谨慎待之，要时刻绷着根弦保持警惕，不能放松对环境的可靠性的观察。今晚，我试着来说一说这些特点。

当你看着孩子们长大时，你一定对这个过程感到惊讶，这一切如此缓慢，但同时又仿佛发生在一瞬之间。这就是有趣之处。好像你刚在几周前才生了个孩子。然后他就变成了一个蹒跚学步的孩子，而今天他就5岁了，明天他就要去上学，成了一个小学生——或者是她。无论对哪个孩子都是这样的感觉。甚至你会感觉到，再过几个星期，他马上就要开始工作了。

这里有个很有趣的矛盾。时间似乎过得既慢又快。或者，我可以说，当你从你孩子的角度去感受世事的时候，时间几乎是静止的。或者开始于静止，然后才逐渐开始移动，缓慢地流逝着。关于时间"无限"的概念来自我们每个人在婴幼儿早期的记忆痕迹，虽然那时的我们还不存在时间流逝的感觉，但当你跨越自己拥有的成长经历时，你会意识到，5年时间几乎就是一瞬之间。

在你的记忆和你孩子的记忆之间，产生了一种奇怪的现象。比如，你清楚地记得一个月前发生的事情，但5岁的孩子并不记得前不久他阿姨来家里做客，或者不记得家里新养了一只小狗。但孩子也会记得一些事情，甚至是很早发生的事情，尤其是那些曾经被谈论过的事情。而且他会将所了解到的家族传奇当成故事，就好像它是关于另一个人的，或者是一本书中的人物。他开始有了对"自己"和"当下"更多的意识和觉察，与此同时，他也逐渐开始遗忘一些事情。

他现在拥有了一段"过去"，在他的脑海里十件事情已经忘了五件，出现一种"似曾相识"的感觉。比如，他的泰迪熊现在放在最底层的抽屉里，但他已经忘记了，泰迪熊对他而言曾经是多么重要，除非他突然又需要它了。

我们可以说，孩子是从一片围场里显露于世的；围场的墙开始出现裂缝，栅栏的厚度也逐渐开始变得不均匀了；然后你瞧，他已经走到围场外面来了。对他来说，一旦出来，要返回到围场里并不容易，甚至让他感觉到重新回到里面都变得困难，除非他累了或病了。那时，你可以为了他好而尝试重建这片围场。

这片围场是由你们，即孩子的父亲和母亲，还有家人、房子和院子，以及熟悉的景象、声音和气味等等这一切提供的。这片围场属于孩子所处的不成熟阶段，属于他对你可靠性的信赖，属于婴儿世界的主观性。这片围场是从他还是个婴儿的时候，抱着他的那双臂膀中自然发展出来的。你以一种亲密的方式去关注婴儿，然后根据他能够享受、迎接意外和新事物的速度，逐渐地去适应你的婴儿。基于每个孩子都各有特点、彼此不太相像的缘故，你会发现，你给每一个孩子都造了一片围场，每个孩子都生活在自己的专属围场之中；然后逐渐从这片围场中显露于世，他们每天至少花几个小时，为了加入一个不同的群体，进入一片新的围场做好准备。换句话说，你的孩子将要去上学了。

诗人华兹华斯（Wordsworth）在他的名诗《不朽颂：忆幼年而悟不朽》中提到了这种变化：

> 极乐国度迤逦在我们的幼年，
> 而那牢笼的阴影会慢慢逼近
> 笼罩成长中的少年……

在这里，诗人确实感受到了大一点的孩子对新的围场的意识，这与婴儿对依赖的毫无觉察形成了鲜明的对比。

当然，如果你家附近正好有一所很好的幼儿园，你就会更早开始这个过程。在一所好的幼儿园里，一小群刚学会走路的孩子可以有机会一起玩耍，可以得到合适的玩具，甚至也许可以享受比你家里更好的地板，而且总有人在旁边看护着你的孩子在社会生活中的第一次尝试，比如，阻止他用铲子敲打别的孩子的头。

但是，幼儿园和家里并没有太大不同，它仍然是一个专业化的养育环境。然而我们现在要讨论的学校则有所不同。小学可能好，也可能不太好，但它不像幼儿园那样去更多地适应幼儿，小学可能在一开始就不是专门设计来适应学生的。换句话说，你的孩子必须去适应学校，必须适应学校对学生的各项期望。我真的希望，你的孩子已经为此做好了准备，因为，如果他准备好了，他将能从新的体验中得到非常多的收获。

对于如何应对孩子生活中面临的这一重大变化，你已经做了很多思考。你和孩子围绕学校做了讨论，孩子也在学校里玩耍过，并且期待着体验你和其他人所说的，学习更多的东西。

在这个阶段确实会出现很多困难，因为环境的变化必须与孩子成长过程中发生的变化相适应。我曾经处理过很多这个年龄段的孩子所遇到的困难，我想说的是，在绝大多数的案例中，根本没有根深蒂固的心理问题，也没有真正的疾病。这种焦虑和压力往往来自一个孩子性子急点儿，需要快点儿，而另一个孩子性子柔和，需要慢慢来。即使只有几个月的年龄差，差别也会很大。比如，你的一个孩子生在11月，你可能会感到着急，迫不及待地想让他早点儿进小学；而如果你另一个孩子生在8月，你却可能会感到，像是提前了一两个月送他去上学似的。类似的情形，就像是一个孩子会急切地想要去更深的水域，而另一个孩子则靠在水池边缘瑟瑟发抖，害怕下水一样。顺便说一下，一些勇敢、跃跃欲试的孩子——在把脚趾伸进水池后可能会突然退缩，躲回你怀里，拒绝从围场舒适区中探出头来，并持续几天、几周或者更长时间。

你了解自己孩子的情况，然后告诉学校的老师们，他们经常会遇到这样的情况，他们不会着急，只是慢慢等待，等待着这个孩子返回学校。关键是要理解，当一个孩子走出围场时是既兴奋又恐惧的；令孩子感到糟糕的是，一旦他们走出来了，就不能再返回去了。生命是一个不断走出围场的漫长过程，孩子们不断面临各种新的风险，不断迎接新的激动人心的挑战。

有些孩子遇到了困难，使他们无法迈出新的步伐，阻碍了他们进入新的阶段。如果随着时间流逝，孩子还没有好转，或者如果你发现还有其他征兆，预示着孩子可能病了，那么你可能需要寻求外界专业人士的帮助了。

但是，当你的孩子退缩回围场，你这位"完美妈妈"可能也存在些问题。如果存在这样的情况，那么我想你不会希望我跳过这个主题。我将详细向你讲述我的意思。

有些妈妈在两个层次上行事。在其中一个层次上（容我称之为表层），她们只想要一件事，让孩子长大，走出围场去上学，去见见世面，迎接这个世界。而在另一个层次上，我想用更深层来形容比较好一点，她们并没有真正意识到，自己无法任由孩子离开，她们不想让孩子走出去。在这个更深的层次里，逻辑和理性不是决定性的因素，而是妈妈不能放弃的这个最宝贵的东西，即她作为妈妈的母性功能——她觉得，孩子依赖她时，比起孩子长大，需要开始与她分离、独立和挑战，前者更容易让她感到自己是个妈妈，更容易表现出母性功能。

孩子很容易就能敏感地捕捉到这点。尽管他在学校里感到很开心，但每天也要表现得气喘吁吁地回到家，每天早上尖叫着，表达自己不愿走进学校大门。孩子会觉得愧疚，也为你感到难过，因为他知道你无法忍受失去他，出于你作为妈妈的本性，你不可能把他赶出家门。如果你能高高兴兴地放他出门，又能高高兴兴地迎接他回家，这样对他来说，外出就会变得轻松很多。

如你所见，很多人，包括过得最好的人都难免有点沮丧、抑郁的情绪，在某个时段或者几乎一直如此。他们对某些事有一种模糊不清的负罪感，他们为自己肩上担起的责任忧心劳神。对于家长来说，孩子在家里表现出活泼的生命力是一种永恒的慰藉和滋养。就连孩子发出的噪声，甚至是他的哭声，都是生命力的彰显，给予这些有点抑郁情绪的家长直接的慰藉。但是，对于那些有着比较严重的抑郁情绪的人来说，他们总担心自己可能把一些珍贵而至关重要的东西毁掉了。

当孩子到了上学的年龄，开始上学后，妈妈因为家里空荡荡的而感到害怕，充斥在家里和她身体里的空虚让她感觉自己心里也空荡荡的。为了避免这种内在失败感带来的威胁，她会寻找另一个替代关注点，找点别的什么事情去做，转移或分散注意力，以暂时减轻一些恐惧感。

然而，当孩子从学校回来时，如果发现家里有了新的替代关注点出现，家里将没有他的位置，母亲没有空余时间去关心他了，那么孩子将不得不奋力博取一番，以重新回到妈妈关注的中心。对于孩子来说，努力成为妈妈关注的中心这一点，变得比去学校学习更重要。

常见的结果是，这个孩子会开始厌学。但是，他一整天又处于一种渴望去学校的焦虑中，而他的妈妈也渴望他像其他孩子一样去学校。

我知道有个男孩儿，他处于这个阶段的时候，总有喜欢用绳子把各种东西缠绕在一起的强烈情感。他总是把坐垫缠系在壁炉架上，把椅子和桌子缠在一起。所以，在屋子里走动时，要多加小心，因为一点儿也不安全。这个男孩儿非常喜欢他的妈妈，但他总是不确定自己是否能回到妈妈关注的中心。当他离开妈妈时，妈妈很快就变得沮丧了，于是妈妈很快就用其他让自己感到担心或疑虑的事情来取代对孩子的关注。

如果你也有类似这样的情况的经验，那你可能会理解，这些事情其实是经常发生的。你可能会为你的孩子对妈妈和其他人的感受很敏感而感到高兴。但是，遗憾的是，如果你未表达的甚至是无意识的焦虑让孩子为你难过而感到歉疚，那么，他将无法从当下的围场中走出来。

你可能在孩子的早期阶段，就经历过这种困境了。比如，你可能会发现很难让他断奶。你可能会逐渐发现孩子不情愿采取任何新措施迈入新的发展阶段，或者去探索未知的模式。在每一个发展阶段，你都面临着失去孩子对你依赖的威胁。你正在培养一个独立自主、对生活有个人见解的孩子，而且尽管你能看到这样做的好处，但你却无法感到轻松和解脱。这种模糊的抑郁状态，被不明确的焦虑所萦绕。这和一个女人给予自己孩子全部关注有着非常密切的关系。我不能只谈论某一个特定的人。我想，绝大多数女人都处于两种状态的中间地带。

妈妈们要经历各种各样的痛苦，宝宝和大一些的孩子不被卷入这些痛苦中，是相当好的事情。孩子们自己也有很多痛苦，事实上，孩子们更愿承受自己的痛苦，就像他们喜欢学习获得新的技能、享受开阔的视野和幸福快乐一样。

华兹华斯诗里所谓的"牢笼的阴影"是什么呢？用我的话说，就是一个"转变"，从生活在主观世界里的小孩子，转变为生活在主观和现实共同存在的世界里的大孩子。一个婴儿在一开始就能神奇地控制周围环境——如果你给予足够好的照顾的话——他便重新创造出了一个世界，甚至包括你和通往外界的门把手。

到5岁的时候，孩子已经有能力感知到你现实的特征，看见你真实的样子了；也有能力认识到这个有着门把手的真实事物的世界，以及在他存在之前就早已存在的各种其他客体；他有能力认识到他自己对外界有所依赖这一事实，然而，此时正是他实现真正独立的时候。这一切完全只是时间问题，我相信你可以很好地操持这一过程。其他人通常也会如此度过这一过程。

生活还会以其他各种各样的方式影响在这个年龄阶段的孩子。我前面提到过孩子的泰迪熊玩具。你的孩子可能对某些特定的客体（玩具）上瘾。这个特定的客体可能曾经是一块毯子、一片尿布或者是你的一条围巾、一个布娃娃，这些客体在孩子1岁前后就变得重要起来，尤其是在各种转换时期，孩子会随身携带着它，比如入睡前的过渡期，是不可或缺的。这个客体极其重要；它也可能被孩子极端粗鲁地对待；它甚至可能散发着臭味。如果你的孩子只是选用了这个作为过渡性客体，而不是你本身，或者你的耳垂或头发，那么你真的很幸运。

这个过渡性客体将孩子与部分外部现实世界联系起来。这既是孩子的一部分，也是你作为妈妈的一部分。你的其中一个孩子对这个过渡性客体上瘾，但却可能整个白天都不用它，然而另一个孩子却会随身带着自己的心爱之物，一刻不离。在5岁的时候，孩子对这个过渡性客体的需求可能还没有停止，但有许多其他的东西可以取代它——比如孩子看的漫画；还有各种各样的玩具，质地柔软的和质地坚硬的；还有整个文化生活等待着去丰富孩子的生活体验。但当孩子去学校的时候，你可能会遇到麻烦，你可能需要老师放慢节奏，别在一开始就绝对禁止这个过渡性客体进入教室。这个问题基本上在开学后几周内就会自行解决。

我认为，孩子是带着与你的一部分联系去了学校，这个关系可以追溯到婴儿时期的依赖，和幼儿早期孩子刚刚开始意识到你以及这个世界，与他的自体是分离的。

如果这种焦虑得以自行解决了，那么他就可以放弃随身携带这个过渡性客体去学校了。取而代之的可能是把一辆卡车或一个火车头，连同各种类似的小玩意儿和杂草根放在他的口袋里；而女孩儿就会想方设法把她的手帕卷起来，或者也许她会在火柴盒里藏一个秘密的宝贝东西来处理这种焦虑。不管怎样，如果陷入困境，孩子们总是可以吮吸他们的拇指或咬他们的指甲。而当他们获得信心时，信任学校环境时，他们通常会放弃这些东西，停止这些行为。

你要学会期待孩子们表现出焦虑，因为他们正在从"作为你和家庭不可或缺的一部分"的身份上离开，走向"作为更广阔的世界的公民"这一身份，在这个过程中他们难免会出现焦虑。孩子们的焦虑可能表现为退行到婴儿模式的行为之中，幸运的是婴儿模式仍能带来慰藉，让他们感到安心。这些模式成为一种内嵌的心理治疗，它之所以能保持有效，是因为作为妈妈的你是鲜活的、触手可及的，也因为你一直在提供"当下"和"孩子的婴儿期经历"之间的联系，孩子的婴儿期经历里残留着他们的婴儿模式。

还有一件事。如果孩子们喜欢上学，享受校园时光，如果他们享受把你遗忘的那几个小时的话，那么他们往往会感到自己对你不忠诚。所以，他们快到家时，或者不知道为什么就拖延回家时，会隐约感到焦虑。即使你有正当理由对你的孩子生气，也请不要选择在他刚从学校回来的时候表达你的愤怒，因为你也可能是因为自己被遗忘了而恼怒，所以，你要时刻留意自己对孩子的新发展所产生的反应。在你和孩子重新建立起联系之前，最好不要为洒在桌布上的墨水而发火。

如果你知道发生了什么，了解真正的原因，再面对这些事情时，就不会有太大的困难了。对孩子来说，成长并不总是甜蜜的，而对妈妈来说，则是更多的苦涩。

【1962】

第十一章

建立信任

　　要描写生命早期的养育压力是很容易的，因为每个人都知道，年幼的孩子需要持续可靠的照顾，否则他们就无法健康地长大。在个体发展到下一个阶段时，我们希望孩子们已经收集了不计其数被精心照料的体验样本，并且可以带着对他人和对世界的信任继续前行，这样一来，面对很多事情他们都可以处变不惊，需要相当大的事情才能打击到他们。然而，在生命的早期阶段，这种对事物和人的信赖是一个逐步建立的过程。

　　我们注意到，尽管年幼的孩子是信任我们的，但是这一信任很容易被打破。因此，我们尤其要注意，应该小心谨慎地对待他们，在重要的基本事项上保持稳定和可靠。

　　我们需要认识到，保持稳定可靠并不是通过刻意的努力得来的，也不是通过学习书本或听讲座得来的。我们能够做到保持稳定可靠，是因为小孩子能激发出我们最好的一面。因此在一段时间里，我们可以做得相当好。我们甚至可以悄悄地争吵——也就是说，不当着孩子的面争吵，而且，由于孩子们的存在，夫妻俩可以让自己做到看起来团结一致。

　　有些人耗费了太多精力去管理自己的生活和控制自己的坏脾气，因此他们没法满足孩子们的需求。但是，只要家庭还存在，父母看起来还是在一起的，孩子们大部分都能体谅，在寒冷的天气里也有温暖的居所，可以享受着期盼和喜爱的食物，能避免对身体不可预测的伤害和毫无缘由突如其来且又不能消除的噪声，孩子们就可以理解很多东西。如果孩子们拥有着不错的、健康健全的身体条件，那么孩子们就可以耐受父母之间的一些紧张关系，承受住父母关系中的一些张力。因为对孩子们来说，无论如何，只要父母还在那里，还活着，还有感情，那就是一件好事情。

与此同时，如果父母彼此之间的关系融洽，孩子的健康成长便更容易达成。对于孩子来说，稳定的家庭生活和生机盎然的日常景象，是父母之间的关系与世界的象征物，反过来却并非如此：离开了父母彼此之间的关系，便很难找到房子和街道的象征意义了。

去理想化

在这里，我必须格外小心。在描述婴儿的需求时，很容易被理解成小孩子似乎需要父母做一个无私的天使，并期望这是一个理想的世界：就像身处夏天郊区的花园，爸爸在草坪除草，妈妈在准备周日的晚餐，家里的狗狗在对着花园栅栏外一只外来的狗狗狂吠。对于儿童来说，甚至对于婴儿来说，他们并不会向精确完美的机械化发展。他们需要身边有既能成功也会失败的真实的人。

我喜欢使用"刚刚好"这个词。"刚刚好的父母"是可以被婴幼儿所用的，"刚刚好"意味着真实的你和我。为了保持持续一致，不让孩子时常感到难以预测，我们必须做真实的自己。当父母是真实的自己本身，孩子们就可以去认识和了解我们。当然，如果我们装腔作势，戴着面具去扮演别的什么人，当卸下面具时，我们就会被孩子们逮个正着。

教导的危险性

我遇到的困难是，需要找到一种不带指令性的教学方法，而不是去教导孩子，因为被指导的价值是有限的。对于那些一心从书本中寻求如何教导孩子的父母来说，更重要的是让他们知道，其实他们不需要从书本中学习任何教导孩子的道理和方法。不管你是否理解，绝大多数事情都是在婴儿或幼儿个体发展中自然发生的。因为在孩子们身上具备一种向前发展的本能倾向，它的基础是由遗传决定的。不必刻意去让孩子感到饥饿、生气、快乐、悲伤、深情、乖巧或淘气，这些事情会自然而然地发生。当你选择好你的伴侣，当一个精子穿透一个卵子，受精卵成形时，已经铺设下了孩子的遗传倾向，你已经完成了你那部分责任。在那个决定性的时刻，关于遗传的那本书就被合上了，所有的各项事情包括孩子的身体、心智、人格和性格，将按照个体生命本来面目的要求开始自行发展、运作。

这都属于生理学和解剖学的范畴。个体自我实现的方式是极其复杂的，如果你感兴趣，可以投入一生的时间去研究与人类发展有关的有趣课题。然而，这样的研究工作并不会帮助你养育自己的孩子，你的孩子需要的是真实的你。

需要知晓的养育信息

那么，什么是父母们需要知道的，有助于养育孩子的信息呢？我建议，有两件关键的事情需要了解：一件是关于孩子的成长过程，这是完全属于孩子，由孩子说了算的；另一件是关于给孩子提供的成长环境，这就只能是你的责任了。

成长过程

一旦你明白生命的成长过程，事情就会变得简单且显而易见。孩子有一种存活、呼吸、吃喝和生长发育的特定倾向，如果你从孩子生命的一开始就知道这些倾向，那你是非常明智的。

这种了解将帮助你意识到：你不需要刻意做什么事情来使你的婴儿长成儿童，再从儿童长成大孩子，不需要刻意使孩子变得优秀乖巧或干净整洁，不需要刻意使你优秀乖巧的孩子变得慷慨大方，然后再使慷慨大方的孩子能聪明机智地结交正确的朋友，选择合适的礼物。

如果你回望这一切，你很快就会看到孩子正在自行运转着的整个发展过程，然后你会感到轻松和宽慰。你已经启动了某个内置动力的东西来推动事情的发展。而你现在需要做的是为此去寻找刹车系统。

我给出的每一个意见建议，都必须随着以下的事实而加以修正，比如我们会观察到没有两个孩子是完全一样的，所以你可能会发现自己既为一个孩子的死气沉沉发愁，又为另一个孩子的精力过度充沛头疼。但是，总体而言，我们要遵循的主要原则在所有情况下都成立，那就是你所留心的这些成长变化，恰恰是由孩子自己的发展过程顺其自然而带来的。

所以，第一个有用的原则性建议，与每个孩子的先天倾向有关。

成长环境

第二个有用的原则性建议，与你既作为成长环境本身，又作为成长环境的提供者这一特殊位置有关。没有人能向你证明，婴儿出生之后需要被温柔地对待，被温暖地呵护。但你自己很清楚地知道确实如此。如果有人怀疑这一点，那么他自己负有举证责任，需要向你证明你所知道的是错的。

毕竟，你自己也曾经是一个婴儿，除了你在观察和亲自参与照顾婴儿的过程中学到的东西之外，你还有自己的记忆提供指引。

你给孩子提供的成长环境首先主要是你自己，你这个人，你的秉性，以及有助于你知道自身是谁的显著特征。这当然也包括你聚集在自己周围的所有因素：你的气味，你营造的氛围，以及会成为婴儿爸爸的那个男人，也可能包括你生养的其他孩子，还有爷爷奶奶、外公外婆、七大姑八大姨和伯伯叔叔舅舅们。换句话说，我刚刚不过是列举了家庭成员，一个婴儿会逐渐接触到的大家庭，随着婴儿的成长，他会发现周围的一切，包括使你的家庭不同于其他任何家庭的特征。

相互作用

所以，这里存在两种截然不同的东西，一个是婴儿天生的各种成长倾向，另一个是你提供的家庭成长环境。这两方面相互交织作用，构成了孩子的成长生活。一开始，这样的相互作用就在你眼皮底下进行；之后，它会持续扩展到你的周围区域——在学校或在朋友们的圈子里，或者是在远处的一次度假营里。当然这也发生于心智内部，发生于你儿子或女儿的个人生命中。

　　只要你愿意，可以花点时间把你孩子的行为和你建立起的一些标准进行比对。这些标准都基于你自己的家庭模式，或者是某些你崇拜敬仰的人曾经对待你的模式。但是，通过比对孩子个体朝着"独立"而进行的各种奋斗经历，和因为信任你，以及信任你提供的整个家庭成长环境而产生的"依赖"，你将会收获更丰富、更有益的体验。

两种压力

　　我刚才用这种方式概述了孩子的成长发展，主要是为了接下来能够更简便地描述"压力"的部分。可以说，压力来自刚才提到的两者之一；尽管在实践中，我们总是期待找到两者混杂后存在的压力。

内部运行机制

　　人类个体的发展过程极其复杂，而第一个方面的压力则与其相关，并且这个内在过程可能会出错。这部分正是精神分析所涉及的内容。不论是父母，还是照料孩子的其他人，都没必要知道那些天然存在于个体人格和性格建立的过程中固有的重负和压力是什么，也完全不需要知道，在婴儿和儿童逐渐有能力与大家庭和小社会建立起关系，而不需要以过度消解个体冲动和创造力为代价，以换取成为社会一分子的发展过程中，都存在哪些重负和压力。

父母和其他与孩子相关的人，可能会对这些事情极为感兴趣。但重要的是能够运用想象力去共情，而不是在实践中试图用头脑和成人逻辑去搞清楚这些是什么。

你的孩子趴在桌子底下玩游戏，突然站了起来，结果把头撞疼了。于是他奔向你，准备在你怀里大哭一场。你做出了适当的回应，用手抚摩他疼痛的头部，或者用一个吻来安抚和治愈它。几分钟后，一切恢复如初。然后，孩子又趴到桌子底下，继续玩起来。假如你能就这个事情的各方面写一篇论文，会总结出什么收获呢？

  1. 这就是孩子们在玩耍中学到经验教训的方式。他们学到了在猛然起身前，一定要先看看周围……

  2. 虽然不是桌子主动去撞了孩子的头，但是，对于在这个年龄阶段的孩子来说，第一反应是认为桌子撞的他，而且孩子可能一个比一个更加坚定地相信创伤的"受迫害"理论；这种现象与一个人难以接受自身内在的攻击性有关，也可能与其不知所措的愤怒有关，因为对于一个婴儿或小孩来说，当强烈的情绪被激起时，他们还不确定自己是否能保持完整，是否处于整合状态，并因此而感到痛苦。

  3. 这正是适时教育一下孩子的机会："你看，如果你像刚才那样鲁莽，移动的时候不先四处看看，不想想突然站起来会不会伤到自己，那么有一天……"

不，我认为更好的处理方法是用一个治愈之吻给整件事画上一个句号。因为你知道，如果你是那个小男孩，你的头被一个讨厌的硬桌子饱含恶意地撞疼时，你会有什么感觉。这被称为感同身受地共情孩子，如果你无法获得这种共情的感受，那么你无论如何都不会学到我说的这个方法。

但当然，可能你平时是一个相对孤独不善表达的人，然而孩子头上受到的这一击，可能成为你与其他人建立联系和发生连接的天赐良机，于是你亲吻和拥抱孩子，把孩子抱起来，让他躺在你的怀里，你还需要柔情地表达出因此而感到的心疼与担忧；也许你还会先带着孩子去看医生，来确定脑袋有没有造成内伤！

在这种情况下，孩子触发了你内在一些与自己的问题有关的东西，但对孩子来说，这一结果可能让他感到困惑，已经超出了孩子当下的理解范围。在看待这一插曲事件时，我们已经偏离了孩子与生俱来的生存和成长发展的过程。幸运的是，总的来说，孩子能够自由地在每一天都可以去经历各种新事物，父母只需要保证孩子们获取的新体验，能匹配日渐增长的能力范围。

如果你养有一株蜘蛛抱蛋（一种百合科植物，又名一叶兰、大叶万年青等），它的很多生长变化情况都发生在内部，在黑暗的缝隙里，你可能对生物学一无所知；然而，你却可能把它养得生机勃勃，让它长着干净、没有棕色边缘的绿叶而闻名于街坊四邻。

再没有什么比研究婴儿如何成长为孩子、青少年及成年人更加吸引人了，但已知部分的研究并未涉及孩子对父母的需求。也许关于孩子成长发展过程中各种已知和未知的研究，父母更有发言权，毕竟是父母与孩子在日常生活中朝夕相处，对于老师和某些与父母相比距离更远的人来说，父母可以多和他们讲讲，介绍孩子的情况。当然，有些人关注的是异常人群，还有些人需要着手治疗在情感发展和人格性格方面生了病的孩子，这些人确实需要对这个课题进行深入的研究。

承接前面的内容，接下来我将开始谈到一些与生俱来内在的困境。举两个例子就足够了。一个例子是普遍存在的"矛盾心理"，即对同一个人或事物同时又爱又恨。另一个例子是每个孩子都必然经历过的：他们要不就增强或减少某些情感，以保持情感与身体器官所感受到的本能驱力相一致；要不就与此相反，固守儿童的体态以使自己在与异性相处时感到更自在。

我们还看到孩子们正在承受很多其他内心冲突，并试图努力解决它们，我们也知道很多孩子因为找不到有效的解决方案而出现了问题。但父母并不因此就负有职责去成为心理治疗师。

环境性供养

与孩子的内在发展过程运作相对应的是环境性供养。是你，是我，是学校，也是社会。基于此，我们会对一些新的养育方式感兴趣，因为我们对孩子的成长环境负有责任。

对婴幼儿来说，所在的成长环境要么为促进他们的内部成长提供了机会，要么就阻碍了这一进程。

其中的关键词是"可预测性"。父母，一开始尤其是妈妈，劳神费心地保护婴儿免于受那些不可预测的事情侵扰。

我们可以看到，每个孩子都以或快或慢的速度，逐渐学会根据事实进行推理和判断，从而战胜环境中的不可预测性。基于小孩子打败不可预测性的能力，他们会出现惊人的发展变化。但是，孩子此时仍然是需要妈妈的。比如，如果遇到一架飞机在头顶低空飞行，这甚至会伤害到一个成年人。这种情况下对孩子做任何解释都是无用的。最有效的处理方式是，你把孩子紧紧地搂在怀里。孩子利用妈妈没有被吓到的这一事实，来完成自我平复，并很快离开危险地带的伤害，再次开始玩耍。但假如那时你不在那儿，那么孩子可能会被伤害，且严重到无法修复。

这是一个粗略的例子，但我想借此说明的是，如果通过观察孩子被照护的方式，那么成长环境提供失败是会带来压力的，而孩子的发展需要稳定可靠的环境性供养。

这和一位妈妈不得不把小孩留在医院住院几天时，情况是一样的。如同"依恋理论"的提出者鲍尔比（Bowlby）所强调的，也如同詹姆斯（James）和乔伊斯·罗伯逊（Joyce Robertson）在他们的电影《两岁小孩去医院》中呈现出来的那样，这个年龄段的孩子已经确切地知道妈妈是一个独立的个体了，但他必须拥有的是妈妈的全部，整个人，而不仅仅是她的照顾和保护。这个年龄段的"压力"来自这样一个事实——妈妈缺席的时间超过了孩子能够在脑海中保持住鲜活的妈妈形象的时间，或者超过了孩子在梦中和游戏时的想象世界中（有时被称为"内在精神现实"）感受到妈妈生动存在的时间。医生和护士们都忙于照顾孩子的身体，他们往往不知道或没有时间思考这样一个事实——由于婴儿和母亲分离的时间过长，一个孩子的人格可能因为环境的干扰而被改变，这为孩子日后的性格障碍的发生奠定了基础，且几乎是无法修复的。

情况总是如此相似：足够好的环境性供养，是稳定可靠的，可以预测的，也是符合孩子的发展阶段预测能力的。而无法预测的、不可靠的环境，则自动打破了孩子成长发展过程的连续性。当发展被打断之后，孩子在"现在"和"作为根基的过去"之间的连续谱上有了一个缺口。那就得有一个新的开始。但如果这样的"新开始"太多，将导致孩子受挫，无法感受，也不能清晰地感受到——我是谁，这是我，我存在，是我在爱是我在恨，人们看到的那个人是我，当妈妈来时我在她眼里看到的那个人是我，我在镜子里看到的那个人也是我。

不能清晰地感受到这些，孩子的成长发展过程就会歪曲变形，因为孩子人格发展的"完整性"被破坏了。

很大一部分孩子，尤其是那些天真无邪和未受教育的孩子，在儿童早期阶段并没有经历过这种生命连续性被打断的灾难性事件。这样的孩子已经具备了根据他们自己内置的发展倾向而发展的机会（至少在早期阶段）。他们是享有"特权"的人。

不幸的是，仍然还有一部分孩子，尤其那些生活在复杂世故的社会文化中的孩子，不得不承受着生命由于成长环境的不可预测性带来的侵扰，导致孩子人格发展出现一定程度的歪曲变形，于是他们丧失了一系列清晰的感受——我是谁，我是我，我存在于此时此地，在此基础上我可以进入他人的生活，而且做我自己的时候不会感到面临威胁。

成长环境因素的研究

我想给一种观点泼下冷水，此观点认为：父母应该研究个体成长过程中天生的、以遗传倾向为基础的发展过程。我不能确定父母研究和学习环境性供养是否有用。但是，如果当妈妈们了解到，她们和婴儿之间，和幼儿之间的所作所为是至关重要的，那么当有人轻率地建议妈妈和婴儿，或妈妈和幼儿应该被分开时，她们就会处在有利的位置上，可以更强有力地去争取自己的权利。因为当婴儿和妈妈分开了，通常就意味着孩子将被不带感情地，至少是不带母性感情地被照顾。

这个世界在这方面有太多的东西需要我们学习，尤其是那些主要关注躯体健康和疾病的医生和护士。在这一点上，父母们必须为自己而战，因为没有人会为他们而战。没有人真正在意父母所在乎的事情。

这就引出我想讲的最后一点，那就是——即使是"环境性供养给孩子提供可靠的、适应婴儿的各种需求"这样的重要课题，父母也不需要专门去学习。但是，实际有了一个孩子（甚至只是领养孩子）的现实会改变父母，他们有能力自动开始适应去完成这项特殊的任务。我想给它起个名字，把它称作"原始母性贯注"。为什么是这个名字，它蕴含着什么意义呢？

这种对婴儿各种需求的适应，依赖于很多东西，其中之一就是父母确实带有一些隐藏的潜在记忆——他们自己也是婴儿时的、被可靠照顾的、免于被不可预测性侵扰的记忆，以及他们有机会进行高度个性化的个人成长经验的隐藏记忆。

因此，父母会以某种自然的方式，为满足婴儿和小孩子非常迫切且必须的需求提供准备，父母会很自然地在几个月内，缩小他们所关注的世界范围，使得父母处于以婴儿为中心的世界里，而不是将注意力投入外部世界。当然，这个过程虽然会持续几个月，但和漫长的人生相比，也是暂时的。

总结

综上所述，个体成长发展的"压力"可以从两方面来进行考察。一种是研究情感成长中与生俱来的内在"重负和压力"，另一种更加具有实际意义，因为这里的压力是由环境性供养的相对失败或者严重失败造成的（除非我们是精神分析师，否则对于普通父母来说，后一种压力才更具有可操作性）。这些失败可以被描述为：不可靠、破坏信任、使不可预测性趁虚而入，以及一个被反复重现的、不适合孩子发展的模式，打断孩子生命成长发展的连续性。

　　总的来说，那些会照顾孩子的人是被精心挑选出来的，而不是在课堂上被教出来的。

　　婴儿们很擅长挑选他们自己的妈妈，至少在"原始母性贯注"的能力方面是很在行的。除此之外，我怀疑我是否能很恰当地评价母亲，她们其实只能利用母性自身所拥有的天赋资质。

【1969】

每一章的原始资料

1.《电台节目如何做心理健康教育》：温尼科特为《母亲与孩子》（*Babies and Their Mothers*）期刊所撰，登载于1957年第28期。

2.《继父母的难处》：1955年1月3日，一位继母在BBC（英国广播公司）节目上做了一次谈话，讲述了她因无法爱7岁起就加入家庭的继子而饱受煎熬，十分痛苦。她的叙述令人动容。这期节目播出后，英国广播公司收到相当多的来信，讲述了相似或不同的继父母育儿经历，并普遍表示这个话题值得探讨。BBC特意为这个主题又安排了三期谈话，于当年6月6日、7日和9日再次进行探讨。第一期为一位专家和一位继父之间的系列问答，接下来两期为温尼科特发表的相关讲演，现转载于此。两篇讲演都是从磁带上转录下来的，标点符号为后期所加。

3.《婴儿吸吮行为的价值》：温尼科特于1956年1月31日在BBC发表的讲演。

4.《说"不"的三个阶段》：温尼科特分别于1960年1月25日、2月1日和2月8日，在BBC发表的三场讲演。

5.《嫉妒》：温尼科特分别于1960年2月15日、2月22日、2月29日和3月7日，在BBC发表的四场讲演。

6.《父母的厌烦》：温尼科特分别于1960年3月14日、3月21日和3月28日，在英国广播公司发表的三场讲演。

7.《安全感》：温尼科特于1960年4月18日在英国广播公司发表的讲演。曾以《论安全感》为题首次发表于《家庭与儿童成长》（*The Family and Individual Development*）一书中。伦敦：塔维斯托克出版社，1965年。

8.《妈妈的罪疚感》：温尼科特与克莱尔·雷纳于1961年3月13日，在BBC进行的一场讨论。

9.《培养孩子的是非观》：温尼科特于1962年6月11日在BBC发表的讲演。

10.《孩子五岁时》：温尼科特于1962年6月25日在BBC发表的讲演。曾以《他们五岁了》为题首次发表于《家庭与儿童成长》（*The Family and Individual Development*）一书中。伦敦：塔维斯托克出版社，1965年。

11.《建立信任》：温尼科特写于1969年12月。迄今尚未出版过。

温尼科特的著作

Clinical Notes on Disorders of Childhood. 1931. London: William Heinemann Ltd.

The Child and the family: First Relationships. 1957. London: Tavistock Publications Ltd.

The Child and the Outside World: Studies in Developing Relationships. 1957. London: Tavistock Publications Ltd.

Collected Papers: Through Paediatrics to Psychoanalysis. 1958. London: Tavistock Publications. New York: Basic Books, Inc., Publishers.

The Child the Family and the Outside World. 1964, London: Penguin Books. Reading, Massachusetts: Addison–Wesley Publishing Co., Inc.

The Maturational Processes and the Facilitating Environment. 1965. London: Hogarth Press and the Institute of Psychoanalysis. New York: International Universities Press.

The Family and Individual Development. 1965. London: Tavistock Publications Ltd.

Playing and Reality. 1971. London: Tavistock Publications Ltd. New

York: Basic Books.

Therapeutic Consultations in Child Psychiatry. 1971. London: Hogarth Press and the Institute of Psychoanalysis. New York: Basic Books, Inc., Publishers.

The Piggle: An Account of the Psycho-Analytical Treatment of a Little Girl. 1978. London: Hogarth Press and the Institute of Psychoanalysis. New York: International Universities Press.

Deprivation and Delinquency. 1984. London: Tavistock Publications.

Holding and Interpretation: Fragment of an Analysis. 1986. London: Hogarth Press and the Institute of Psychoanalysis.

Home Is Where We Start From. 1986. London: Penguin Books. New York: W. W. Norton & Company, Inc.

Babies and Their Mothers. 1987. Reading, Massachusetts: Addison-Wesley Publishing Co., Inc.

Selected Letters of D. W. Winnicott. 1987. Cambridge, Massachusetts: Harvard University Press.

Human Nature. 1987. London: Free Association Books.